Klimaneutral
Unternehmen
ClimatePartner.com/53585-1805-1001

Bibliografische Information der Deutschen Nationalbibliothek:
Die Deutsche Nationalbibliothek verzeichnet diese Publikation
in der Deutschen Nationalbibliografie; detaillierte bibliografische
Daten sind im Internet über http://dnb.d-nb.de abrufbar.

2022, 5. Auflage
Deutsche Erstausgabe
This translation of »Gardening Myths and Misconceptions«, first edition,
© 2014 Charles Dowding
is published by arrangement with UIT Cambridge Ltd., www.uit.co.uk
© der deutschen Ausgabe: 2016, oekom verlag München
oekom – Gesellschaft für ökologische Kommunikation mbH,
Waltherstraße 29, 80337 München

Lektorat: Laura Kohlrausch
Korrektorat: Maike Specht
Umschlaggestaltung: Büro Jorge Schmidt, München
Illustrationen S. 35, 109, 124, 130: © Jennifer Johnson
Innenlayout, Satz: Ines Swoboda
Druck: GGP Media GmbH, Pößneck

ISBN 978-3-86581-769-3

MIX
Papier aus verantwor-
tungsvollen Quellen
FSC® C014496

CHARLES DOWDING

Gelassen gärtnern

*99 Gartenmythen und was
von ihnen zu halten ist*

Aus dem Englischen übersetzt
von Eva Leipprand

Für Amanda Cuthbert, mit der ich im Jahr 2008
die »Mythen« zum ersten Mal diskutierte.
Sie fand die Idee gut und riet mir zu warten,
bis der richtige Zeitpunkt gekommen sei –
und jetzt ist es so weit!

Danksagung

Ich danke Michael und Joy Michaud von *Sea Spring Seeds*,
professionellen Erzeugern und Züchtern von Chilis,
unter anderem der *Dorset Naga*, dass sie mir Informationen
zu den Mythen 38 und 39 gegeben haben. Sie haben die
Behauptungen überprüft und festgestellt, dass sie nicht stimmen.
Obwohl dieses Buch bescheidener im Umfang ist als meine
anderen Bücher, waren die Anforderungen an die Redaktions-
arbeit doch höher, und ich danke Alethea Doran, die schon
bei meinen anderen Büchern, vor allem bei *How to Grow
Winter Vegetables*, hervorragende Arbeit geleistet hat, für ihre
konstruktive Unterstützung.
Vielen Dank auch an Stephanie Hafferty für ihren
herzlichen Beistand und auch dafür, dass wir gemeinsam
über die Mythen lachen konnten.

Inhalt

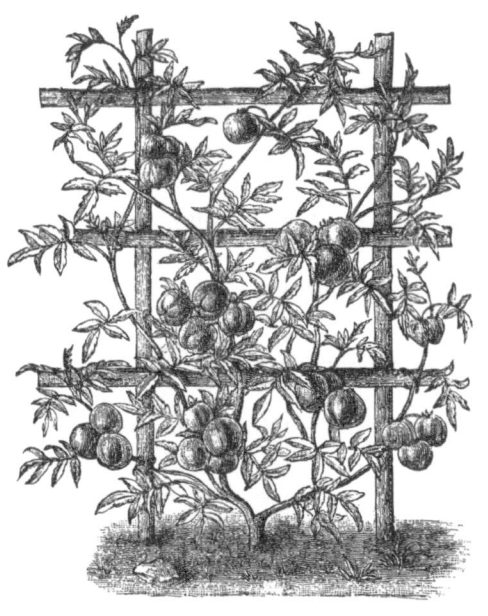

Einführung

»Es ist keineswegs ein absurder Gedanke, dass uns irgendwann in einem zukünftigen Leben das, was wir heute
für unsere Existenz halten, wie ein Traum vorkommt.«

EDGAR ALLAN POE

Mythen gibt es zuhauf. Sie können aus einer sprachlichen Ver-
wechslung entstehen, einen Entwicklungsschritt in Richtung Wahrheit bedeuten oder einfach eine Ansammlung von Missverständnissen darstellen, die sich, weil sie immer und überall wiederholt
wurden, in allseits akzeptierte Tatsachen verwandelt haben. Die
meisten Mythen in diesem Buch gehören zur letzteren Sorte; viele
enthalten aber auch rituelle Elemente, und manche repräsentieren
Empfehlungen, die derart in Ehren gehalten werden, dass jegliches
Hinterfragen Ängste hervorruft.

Ihr Garten hat vielleicht mehr mit Mythen zu tun, als Ihnen be-
wusst ist – mit dem Begriff »Mythen« meine ich hier Glaubenssätze,
die in die Irre führen und unnötige Arbeit verursachen. Die auf
den folgenden Seiten behandelten Mythen besitzen unterschiedliche Grade von Glaubwürdigkeit: Manche werden von mehr oder
weniger jedem für wahr gehalten, manche sind teilweise richtig;
die meisten sind aber falsch – im Lichte meiner Erfahrung und der
Erfahrung anderer Leute und einiger Studien, die ich zitiert habe.
Die Auswahl der Mythen in diesem Buch spiegelt meine Erfahrung
mit Vorgehensweisen wider, die ich als fehlgeleitet erkannt habe,

und bringt keine zusätzlichen Gartenweisheiten ins Spiel, die dann andere wieder ins Reich der Mythen verweisen würden.

Viele Mythen sind in der Tradition verwurzelt, oder es hat zumindest den Anschein, dass sie es sind, und das verleiht ihnen Glaubwürdigkeit. Andere sind weniger traditionell, dafür aber weit verbreitet und klingen überzeugend, bis man sich die Faktenlage genauer anschaut. Ein gutes Beispiel dafür ist die Empfehlung, Pflanzen nicht bei praller Sonne zu gießen, da die Sonne die Blätter versengen könnte, wenn ihr Licht durch Wassertropfen auf sie fällt. Das hört man derart oft, dass es ganz einfach wahr sein muss!

Im Jahr 2009 hat ein Forscherteam diese Behauptung tatsächlich überprüft, wobei man sich sowohl auf Computermodelle wie auch auf Versuche an den Blättern selbst stützte. Die Prüfung ergab, dass Wassertropfen auf der Blattoberfläche die Sonnenenergie nicht lange und kraftvoll genug bündeln konnten, um die Blätter zu beschädigen, bevor das Wasser verdunstet war (siehe Mythos 14). Für mich war das eine Bestätigung; seit 30 Jahren habe ich nämlich, immer wenn ich sah, dass Gewächse Feuchtigkeit brauchten, diese in der prallen Sonne gegossen, um bei schnell wachsenden Pflanzen wie zum Beispiel Gurken dem Welken der Blätter zuvorzukommen oder die kleinen Mengen an Komposterde in den Anzuchtschalen mit Wasser zu versorgen. Auf diese Weise ging es meinen Pflanzen bei heißem Wetter gut, und das Ganze hat auch noch einen weiteren Vorteil gebracht: dass ich nämlich meine Treibhäuser nicht gegen die Sonne abdecken muss – was ja auch immer empfohlen wird.

DER MUT ZUM HINTERFRAGEN

Die meisten von uns fühlen sich wohler, wenn sie alles so machen können, wie man es seit jeher gemacht hat, ganz gleich, worum es sich handelt, und ohne immer genau zu wissen, warum. Veränderungen begegnen wir normalerweise mit Misstrauen. Wie kann man sicher sein, dass eine »neue Idee« etwas taugt, vor allem dann, wenn die alte ganz offenkundig funktioniert? Zuerst einmal müssen Sie sich trauen, Fragen zu stellen, und anzweifeln, was man Ihnen erzählt hat, dann die Tatsachen überprüfen und die Empfehlungen vergleichen, vielleicht auch eigene Experimente durchführen und am Schluss Ihre eigene Entscheidung treffen.

Ich bin ein Mensch, der gerne Fragen stellt, und die meisten Empfehlungen in diesem Buch gründen darauf, was nach meiner eigenen Erfahrung Saison für Saison in meinen Gärten gut funktioniert hat. 30 Jahre lang habe ich nun gewerbsmäßig Gemüse angebaut, auf unterschiedlichen Böden und an unterschiedlichen Orten. In dieser Zeit habe ich viele Anbaumethoden ausprobiert und meine eigenen einfachen Methoden entwickelt, um reiche Ernten zu erzielen. Ich wünsche mir, dass die Ratschläge auf diesen Seiten Ihnen, den Leserinnen und Lesern, dabei helfen, im Garten Ihre Kreativität zu entfalten – und sich weniger von scheinbaren Regeln einschränken zu lassen; sich die Freiheit zu nehmen, mit dem Garten so umzugehen, wie es Ihnen entspricht und am besten gefällt.

Schon seit ein paar Jahren wollte ich dieses Buch schreiben, und jetzt, da ich die Gelegenheit dazu habe, muss ich gestehen, dass ich mich in einem Dilemma befinde: Mein Wunsch ist, die Leserinnen und Leser vor unnötiger Arbeit und unnötigen Kosten zu bewahren. Dabei geht es mir aber überhaupt nicht darum, die Befürworter der allgemein akzeptierten Gartenbaumethoden, die ich hier hinterfrage, zu kritisieren, und ich möchte schon an dieser Stelle um Entschuldigung bitten, sollte ich irgendjemandem zu nahe treten!

WOHER STAMMEN DIE MYTHEN?

Es ist oft schwierig, die Ursprünge von Mythen zurückzuverfolgen, und manche haben mehr als nur eine Quelle. So könnte zum Beispiel die bis vor etwa zweihundert Jahren allgemein akzeptierte Ansicht: »Tomaten sind giftig« zumindest in Großbritannien darauf zurückzuführen sein, dass die wohlhabenden Leute Zinngeschirr verwendeten: Durch die Säure der Tomaten gelangte Blei aus dem Zinn in die Nahrung und machte sie giftig. Die Armen dagegen aßen von hölzernen Tellern und verzehrten Tomaten ganz offensichtlich ohne Probleme.

Zur Macht dieses Irrglaubens trug auch die Tatsache bei, dass der einflussreiche Botaniker John Gerard 1597 in seinem Werk *The Herball* vermerkte, Tomaten seien giftig, und dieser Behauptung wurde bis in die frühen Jahre des achtzehnten Jahrhunderts weithin Glauben geschenkt. In den Vereinigten Staaten änderte sich dies allerdings ab 1820: Damals verzehrte Colonel Johnson vor einem Gerichtsgebäude in New Jersey bei einer groß angekündigten Veranstaltung vor 2 000 Zuschauern einen Korb voll Tomaten. Während er aß, spielte die örtliche Feuerwehr einen Trauermarsch, um ihn in Frieden hinscheiden zu lassen, bis ihnen auffiel, dass seine Gesundheit nichts zu wünschen übrig ließ. Manchmal braucht man ein dramatisches Ereignis, um irrtümliche Vorstellungen zu korrigieren!

IRREFÜHRENDE EPISODEN AUS DER GESCHICHTE

Die Geschichte trägt nicht immer dazu bei, die Dinge zu klären, da sie immer wieder neu geschrieben wird – man denke beispielsweise an all die unterschiedlichen Lesarten von Shakespeares Biografie und die ständigen Zweifel daran, ob er die Werke, die seinen Namen tragen, auch wirklich selbst geschrieben hat. Für allgemein akzeptierte, aber fehlerhafte Ansichten über Menschen und Ereignisse gibt es eindrucksvolle Beispiele. Hier seien nur einige wenige aufgeführt.

Eigentlich deuten die meisten Fakten darauf hin, dass Robin Hood (wenn es ihn überhaupt je gegeben hat) ein Freibauer aus Yorkshire war; ein paar mittelalterliche Balladen brachten ihn aber mit dem legendär bösen Sheriff von Nottingham in Verbindung, und in der Folge wurde er schließlich als ehemaliger Adliger in Sherwood Forest etabliert. Walter Scotts Roman *Ivanhoe* von 1820 war die erste unter vielen Erzählungen, die ihn dort ansiedelte.

Der Satz »Dann sollen sie doch Kuchen essen« stammt allem Anschein nach nicht von Marie Antoinette: In Wahrheit wird er Maria Theresia zugeschrieben, der Frau Ludwigs XIV., ist also 50 Jahre älter. Im Druck erschien das Zitat erstmals in den *Bekenntnissen* von Jean-Jacques Rousseau, die im Jahr 1769 vollendet wurden, als

Marie Antoinette ein vierzehnjähriges Mädchen in Österreich war, ganze zwanzig Jahre vor der Französischen Revolution.

❧

In Großbritannien geht man davon aus, dass Walter Raleigh im Jahr 1586, bei seiner Rückkehr vom amerikanischen Kontinent, Tabak und Kartoffeln in Europa eingeführt hat. In Wirklichkeit war der Tabak schon vorher aus Frankreich gekommen, wo er im Jahr 1560 von Jean Nicot (daher das Wort »Nikotin«) eingeführt worden war, und Kartoffeln wurden bereits ab 1585 in Italien angebaut.

❧

Cinderella trug angeblich »gläserne« Pantoffeln. Allerdings wurde das Cinderella-Märchen im Jahr 1697 von dem französischen Autor Charles Perrault populär gemacht, der sich dabei auf alte Märchen stützte, in denen Cinderella aus »vair« gefertigte Pantoffeln trug. Dies ist das mittelalterliche Wort für Feh, also weißes Eichhörnchenfell, das zu Perraults Lebzeiten nicht mehr in Gebrauch war, und so interpretierte er es vermutlich fälschlich als »verre«, was auf Französisch »Glas« bedeutet.

❧

Mussolini hat es angeblich geschafft, dass »die Züge pünktlich fuhren«. Dies gelang ihm aber vor allem dadurch, dass er alle Berichte über Verspätungen verbot, wie uns der Journalist Alexander Cockburn wissen ließ.

VOM MYTHOS ZU DEN TATSACHEN

Wenn alle daran glauben, kann sich fast jede Behauptung in eine anerkannte Tatsache verwandeln: dass man zum Beispiel Teig kneten muss, um gutes Brot zu backen – das weiß jeder! Dan Lepard,

Bäcker und Gastronomieschriftsteller, führte jedoch mit einigen Kursteilnehmern einen Versuch durch, indem er Teigpartien mit und ohne Kneten herstellte, und berichtete danach, er habe zwischen den fertiggestellten Brotlaiben keinen Unterschied entdecken können – wenn überhaupt, dann sei der nicht geknetete Teig schneller aufgegangen! Seine Schlussfolgerung: »Wenn Sie Ihren Teig kneten wollen, wird es ihm nicht schaden, aber es wird ihn auch nicht besser machen.«

Manche Mythen gründen in der allgemeinen Annahme, wir könnten in der heutigen von der Wissenschaft bestimmten Welt verstehen und erklären, wie die Natur funktioniert. Die Geschichte zeigt jedoch, dass unsere wissenschaftlichen Erkenntnisse einem ständigen Wandel unterworfen sind – und trotzdem ist es doch so, dass sie irgendwie immer stimmen.

Ein Beispiel dazu aus der Bodenkunde: Fast das ganze letzte Jahrhundert hindurch war man der Auffassung, Huminsäure enthalte den größten Teil des im Boden gespeicherten Kohlenstoffs. Im Jahr 1996 entdeckte dann die Bodenkundlerin Sara Wright im Boden eine bis dahin unbekannte Substanz namens Glomalin, die nach heutiger Einschätzung »ein Drittel der weltweiten Kohlenstoffvorräte im Boden« enthält. Zmindest bis zur nächsten Entdeckung …

Was auch immer der Ursprung von Mythen sein mag, eines haben sie alle gemeinsam: Ist eine Vorstellung erst einmal allgemein akzeptiert, schlägt sie Wurzeln und nimmt an Glaubwürdigkeit zu, bis zu dem Punkt, an dem man ausgelacht wird, wenn man sie hinterfragt, selbst wenn sie ganz klare Widersprüche beinhaltet. Im Gartenbau gibt es solche Vorstellungen zuhauf, wobei manche erkennbar historischen Ursprungs sind, während andere sich ohne plausiblen Grund etabliert haben.

Ich hoffe, Sie werden beim Entlarven der Mythen auf den folgenden Seiten einiges zu lachen haben – aber zugleich auch meine Behauptungen kritisch hinterfragen, denn niemand hat die Antworten auf alle Fragen. Ich hoffe aber auch, dass in der Folge Ihr Garten besser gedeiht: Bei meinem ist das der Fall!

Kapitel I

Ein Geflecht aus Mythen und Irrtümern

Die Mythen im Gartenbau hängen untereinander zusammen und bestärken sich gegenseitig; so ergibt sich ein Geflecht aus Tätigkeiten, die empfohlen werden, und anderen, von denen abgeraten wird. Deshalb ist es meine Erfahrung, dass ich mir, indem ich eine angeblich notwendige Arbeit nicht mache, auch weitere Aktivitäten sparen kann. Dieses Buch will also eine lang gezogene Spur vielfältig verflochtener Gartengeheimnisse entwirren und dabei zeigen, dass das, was dahinterliegt, eigentlich ganz einfach ist; so werden unsere Aufgaben weniger und lassen sich schneller erledigen.

Vielleicht wundern Sie sich, dass von den Ratschlägen, die in diesem Buch angeboten werden, manche oder sogar viele in offenkundigem Widerspruch zu dem stehen, was Sie bisher gehört haben – mir geht es genauso! Meiner Meinung nach kommt ein Großteil der Missverständnisse daher, dass eigentlich gut fundiertes Wissen in vielen Fällen an der falschen Stelle angewendet wird; und warum das immer wieder vorgekommen ist und auch weiterhin vorkommen wird, dafür gibt es mehrere Gründe. Vielleicht war eine Empfehlung einmal durchaus sinnvoll und passte dann unter veränderten Umständen nicht mehr; oder man hat ungeeignete Methoden von der Landwirtschaft auf den Gartenbau übertragen; oder ein Hinweis veränderte aus sprachlichen Gründen seinen Sinn, etwa weil man Wörter missverstand.

EINIGE TIEF VERWURZELTE MYTHEN

Um Ihnen eine Vorstellung davon zu geben, wie sich Mythen entwickeln, hier nur einmal drei Beispiele von Gartenbaumethoden, die in ihrer Zeit oder in ihrem Kontext zielführend waren oder sind. Man muss sie in diesem Kontext betrachten, wenn man wissen möchte, ob sie auch in unserer Zeit beziehungsweise unter veränderten Bedingungen noch ihren Zweck erfüllen.

✍ In den großen Gärten der reichen Oberschicht standen früher im Winter für Aufgaben wie das Auswaschen von Töpfen (um die Verbreitung von Krankheiten einzudämmen) und das Umgraben des Bodens (aus all den Gründen, die man landauf, landab zu hören bekommt) Arbeitskräfte zur Verfügung, die nicht anderweitig benötigt wurden; die Frage, wie notwendig diese Arbeiten sind, stellte sich daher überhaupt nicht.

✍ Zumindest bis zur Einführung von chemischen Düngemitteln und Unkrautvernichtern wurde in landwirtschaftlichen Betrieben mit Mischkultur häufig ein Fruchtwechsel im durchschnittlichen Turnus von vier Jahren vorgenommen – was durchaus sinnvoll ist auf großen Äckern, wo Gemüsesorten jeweils in großen zusammenhängenden Blöcken gepflanzt werden und Tiere vorhanden sind, die die Wiesen abweiden. In Gärten jedoch, vor allem in kleinen, und auch dort, wo innerhalb eines Jahres Zweikulturnutzung angewandt wird, ist eine solche Vierfelderwirtschaft oft unpraktisch und vermindert den Ernteertrag.

✍ Die Verwendung von nicht kompostierten Mulchen ist bei trockenen Klimaverhältnissen durchaus gut für den Schutz der Bodenoberfläche; bei feuchtem Klima aber, wo weniger Notwendigkeit besteht, dauerhaft für Feuchtigkeit zu sorgen, verursacht diese Methode Probleme, weil die Mulche den Schnecken ein günstiges Umfeld bieten.

ACH WIRKLICH?
UND WARUM IST DAS SO?

Leute, die von mir Tipps zur Verbesserung des Gartenbaus haben wollen, leiten ihre Fragen oft folgendermaßen ein: »Mein Schrebergartennachbar / mein Lieblingsfernsehmoderator hat gesagt …«; »Meine Mutter / mein Onkel hat mir den Rat gegeben …«; »Ich habe gehört / gelesen, dass …« In meinen Ohren klingt eine solche Empfehlung oft ziemlich fragwürdig, der Zuhörer oder die Zuhörerin aber vertraut der Quelle und hat nicht genügend Erfahrung, um dabei die unausgesprochenen Vermutungen, versteckten Missverständnisse oder manchmal auch einfach den Unsinn zu erkennen. Sollten Sie Informationen dieser Art erhalten und nicht sicher sein, ob sie stimmen, dann schlage ich Ihnen vor, mit einer eigenen Frage zu antworten: »Und warum ist das so?«

Viele der Empfehlungen, die man da so bekommt, sind nicht wirklich falsch, sondern einfach nicht in jeder Situation anwendbar. Dazu gehört beispielsweise, dass man »eine vierjährige Fruchtfolge braucht«, dass man »abends gießen muss«, dass man »die Reihen in Nord-Süd-Richtung ausrichten muss«, dass man »alle neu gepflanzten Bäume an Stützpfähle binden muss« und dass man »für Kletterbohnen einen Graben ziehen muss«. Auf all dies kann man erwidern: »Haben Sie bei einer dieser Regeln schon einmal ausprobiert, sie *nicht* umzusetzen, um zu prüfen, ob sie überhaupt notwendig ist?« Aus eigener Erfahrung weiß ich, dass keine dieser Regeln wirklich befolgt werden *muss*.

Sie sollten also herauszufinden versuchen, aus welchem Grund man die angeblich so notwendige Aufgabe empfiehlt, damit Sie dann speziell in Ihrem Garten kompetent Ihre eigenen Entscheidungen treffen können; so befreien Sie sich aus den Fesseln zweifelhafter Regeln und Ratschläge. Die folgenden Beispiele sollen zeigen, wie sich in fast jedem Bereich des Gartenbaus solche allgemein für richtig gehaltenen, aber unzutreffenden Überzeugungen finden lassen.

MYTHEN ÜBER PFLANZENERNÄHRUNG

In den letzten 150 Jahren haben neue synthetische Düngemittel aus wasserlöslichen Nährstoffen zu einer Veränderung bei den Methoden der Pflanzenernährung geführt. Bei diesem Prozess fehlten allerdings all die Erkenntnisse und Einsichten, die für die Begleitung eines derart radikalen Methodenwechsels notwendig sind.

So verwenden manche Landwirte und Gärtner den Begriff *Dünger* für nährstoffreiche tierische Exkremente und Einstreu genauso wie für synthetische, wasserlösliche Düngemittel. Da diese synthetischen Düngemittel im Lauf der Zeit den Boden sauer machen, ist auf dem Weg über die Assoziation mit dem Wort *Dünger* die Überzeugung entstanden, dass auch *Tier*dünger (Dung) bei regelmäßiger Verwendung zu einer Übersäuerung des Bodens führt. Dies richtet bei vielen Gärtnern Verwirrung an; das weiß ich, weil ich in dieser Sache sehr oft um Klärung gebeten werde!

Zu weiterer Verwirrung führt es, wenn unausgesprochene Mutmaßungen zur Pflanzenernährung mit diesen zwei völlig unterschiedlichen Methoden verknüpft werden. Fast alle Nährstoffe in synthetischen Düngemitteln sind wasserlöslich, während die Nährstoffe in Kompost und kompostiertem Dung nicht wasserlöslich sind und den Pflanzen dann zur Verfügung stehen, wenn durch eine Kombination von Temperatur und Bodenbiologie die Wurzeln wachsen und so der Zugang ermöglicht wird. Praktisch gesehen, bedeutet das, dass Kompost den Boden nährt und nicht die Pflanzen und dass man ihn im Herbst ausbringen kann, im Gegensatz zu den synthetischen Düngemitteln, die vom Winterregen ausgewaschen würden. Selbst unter Biogärtner gibt es solche, denen das nicht klar ist. Zu weiteren Informationen zur Pflanzenernährung siehe Kapitel VII.

MYTHEN UND IRRTÜMER
ÜBER GARTENGERÄTE

Geld ist schnell ausgegeben, aber es ist manchmal frustrierend, wenn man später erkennt, dass man etwas einfacher und billiger hätte haben können. Heben Sie Ihr Geld auf, bis Sie wissen, was Sie für Ihren Garten wirklich brauchen! Beim Gemüseanbau zum Beispiel wird oft geraten, in Hochbeete mit Seitenwänden aus Holz zu investieren. Da spricht durchaus manches dafür, aber sehen Sie sich erst mal die Hinweise zu Mythos 20 an (siehe S. 53), bevor Sie Ihr Geld ausgeben. Auch das Kompostieren kann zu einer teuren Angelegenheit werden; die Erfahrung habe ich gemacht, als ich mehr als 400 Euro für einen leicht drehbaren Trommelkomposter verschwendet habe. Leicht zu drehen war er tatsächlich, aber er produzierte in der angegebenen Zeit keinen guten Kompost, selbst wenn ich bei den bei-gefügten Zutaten auf Genauigkeit achtete, was beim Gartenbau de facto ziemlich schwierig ist. So stelle ich weiterhin schönen, langsam reifenden Kompost in wackeligen selbstgemachten Haufen her – das kostet mich nur Zeit und ist viel befriedigender. Was die übli-chen Gartengeräte betrifft, so empfehle ich, sie auszuleihen oder bei einem Freund oder auch gebraucht zu kaufen, bevor man zu viel investiert. Schließlich gehen wir alle unterschiedlich mit Spaten, Hacken, Pflanzschaufeln und Gartenscheren um; kein Gartengerät als solches ist das »beste« – nur Sie können das entscheiden, wenn Sie ausprobiert haben, ob es Ihnen liegt.

MYTHEN ZUM THEMA ENTBLATTEN

Was das Pflanzenwachstum angeht, gibt es weitverbreitete Irrtümer, wie etwa die häufig zitierte Behauptung, das Entfernen der Blätter von Tomaten im Spätsommer fördere das Reifen der Früchte. Was man damit erreichen kann, ist allenfalls eine etwas intensivere Fär-bung, während das echte Reifen Teil des *Wachstums*prozesses ist und deshalb Photosynthese benötigt, nicht einfach nur Sonnen-licht, das auf die Frucht trifft – und die reifenden Früchte brauchen dabei den Zucker und die Nährstoffe vieler (nicht aller) Blätter, damit sie bei Konsistenz, Größe und Geschmack wirklich die beste Qualität entwickeln. Ich empfehle, nur die alten Blätter unten zu entfernen; dadurch wird auch das Mehltaurisiko reduziert, weil auf diese Weise mehr trockene Luft auf der Bodenoberfläche durchzie-hen kann (hierzu mehr bei Mythos 24).

Das Gleiche gilt für Weinreben, deren Blätter im Spätsommer Photosynthese betreiben, um für die reifenden Trauben Saccharose herzustellen. Man kann das Laub teilweise entfernen, um der Traube mehr Farbe zu geben, vor allem aber zur Verbesserung der Pflanzengesundheit; wird die Luftzirkulation um die Trauben herum erhöht, reduziert dies den Mehltau und das Faulen dicht gewachsener Trauben. Zu diesem Zeitpunkt lässt man aber noch viele Blätter am Stock, um den Zucker- und Aromagehalt der Trauben zu steigern.

Oft wird auch empfohlen, beim Sellerie dann, wenn im Spätsommer und Herbst die Wurzeln anschwellen, die welken Blätter unten zu entfernen. So sehen die Pflanzen auf jeden Fall schöner aus; als ich aber einmal versuchsweise auf nur einer Seite des Selleriebeetes ab August die unteren Blätter entfernte, waren im November die Wurzeln im Ergebnis um 20 Prozent kleiner als beim Sellerie auf der anderen Seite des Beetes, bei dem ich nichts gemacht hatte.

MYTHEN ZUM THEMA LOCKERER BODEN

Zu den größten Missverständnissen unter den überlieferten Gartenbauweisheiten gehört die Überzeugung, es sei von Vorteil, vor dem Säen und Pflanzen und manchmal auch um bereits vorhandene Gewächse in Blumenrabatten herum die Erde aufzulockern. Ich will nun keineswegs den Leuten, die für ihr Leben gern graben und hacken, ihr Vergnügen nehmen; vielmehr will ich denen den Rücken stärken, die gesagt bekommen haben, das Lockern des Bodens sei notwendig, die das aber nicht wollen oder können. Außer beim Pflanzen von Bäumen und beim Ausgraben von verholzten Wurzeln oder Pastinaken störe ich den Boden nämlich nur sehr wenig und stelle fest, dass das Wachstum üppig ist, mit weniger Unkraut, geringerem Bewässerungsaufwand und oft weniger Schaden durch Schnecken.

Diese Methode hat obendrein den Vorteil, dass ungestörter Boden weniger klebrig ist. Als es in einem Jahr einmal den ganzen Sommer und Herbst hindurch unablässig regnete, konnte ich trotzdem nach wie vor bei fast jedem Wetter ernten, pflanzen und roden, und dies auf einer relativ großen Fläche mit lehmigem Boden. Während die anderen Gärtner im Schlamm versanken, war mein Stück Land frisch bepflanzt und wies weniger Unkraut und weniger Schneckenschäden auf, als bei solchem Wetter »normal« ist.

MYTHEN ÜBER SCHNECKEN

Außer bei extremen Wetterverhältnissen fressen Schnecken nicht willkürlich alles, was ihnen an alten (oder jungen) Pflanzen unterkommt; ihre Funktion ist ja eigentlich die Rückführung von verwelkenden und schwachen Blättern in den natürlichen Kreislauf. Wenn man Pflanzen auf einem gut genährten Boden wachsen lässt und die Lebensbedingungen für Schnecken so ungünstig wie möglich hält, dann kann man den Schaden begrenzen, wenn man auch immer wachsam bleiben muss.

Bei meinen Experimenten mit und ohne Umgraben habe ich festgestellt, dass in den nicht umgegrabenen Beeten weniger Schneckenschäden auftraten als in den umgegrabenen Beeten mit den gleichen Pflanzen. Vermutlich gibt es in beiden Fällen die gleiche Anzahl von Schnecken, aber der entscheidende Punkt ist, dass sie die Pflanzen weniger anfressen, wenn diese *gesünder* sind; und das ist nur ein Element in einer zusammenhängenden Abfolge von Ursache und Wirkung in unbearbeitetem Boden:

- Es keimt weniger Unkraut aus, weil im ungestörten Boden die meisten Unkrautsamen schlafend in der Tiefe liegen, weit weg vom Licht, welches das Keimen auslösen würde.
- Weniger Unkraut bedeutet weniger Lebensraum für Schnecken in feuchten Blättern, die ihnen tagsüber zum Verstecken und nachts dann zum Fressen dienen.
- Kompost als Deckschicht hat eine rauere Oberfläche als die meisten Bodentypen, wenn sie umgegraben sind, insbesondere Lehm und Ton; Schnecken gleiten lieber über weichen Boden und scheinen sich auf einer mit Kompost bedeckten Oberfläche etwas weniger aktiv zu verhalten.

Die in diesem Kapitel aufgeführten Beispiele illustrieren, wie in der Gartenbaupraxis alles mit allem zusammenhängt, im Guten wie im Schlechten. Sie zeigen, dass wir, sobald wir die Mythen durchschauen und uns von ihrer Tyrannei befreien, Zeit gewinnen, unseren Nutzpflanzen besseres Wachstum ermöglichen und unsere Gartenarbeit kreativer machen können.

Kapitel II

Säen und Pflanzen

Es gibt beim Pflanzenanbau eine Reihe von gängigen Empfehlungen, die vielleicht in ihrem ursprünglichen Kontext ganz vernünftig waren, sich aber inzwischen in irreführende Mythen verwandelt haben. Samen wollen wachsen, und wenn die Aussaat zeitlich so gelegt wird, dass die Temperatur für sie stimmt, dann brauchen Sie sich weniger Gedanken darüber machen, ob das Saatbeet perfekt ist oder die Anzuchtschalen sauber sind.

»Gemüsesamen sollten im Frühling gesät werden«
~ TEILWEISE RICHTIG ~

Viele Gärtner machen sich Sorgen darüber – und werden darin von denjenigen bestärkt, die schon frühzeitig gesät haben –, dass bei den ersten Anzeichen des Frühlings bereits alle Samen in der Erde sein müssen. Das ist allerdings nicht immer richtig; wenn man die besten Ergebnisse erzielen will, gibt es für die verschiedenen Gemüsesorten unterschiedliche Zeiten der Aussaat, von Februar bis November. Eigentlich ist es sogar ein ziemlich guter Tipp, sich im Frühling in Geduld zu üben, da bei Wärme liebenden Pflanzen die später gesäten oft die früher gesäten einholen. Halten Sie zu jeder Zeit unterschiedliche Samen bereit, damit die Fläche im Garten immer voll genutzt ist und Sie jeden Monat ernten können.

Hier einige Hinweise dazu, wann man Gemüse im Freien am besten aussät:

- 🌱 Früher oder später Winter: Ackerbohnen
- 🌱 Vorfrühling: Erbsen, Spinat, Salat, Pastinaken, Zwiebeln, Frühkartoffeln, Brokkoli und Karotten.
- 🌱 Mittfrühling: Lagerkartoffeln, Rote Beete, Lauch, Herbstkohl.
- 🌱 Spätfrühling: Mangold, Rosenkohl, Speisekürbis, Zucchini, Schnitt- und Stangenbohnen, Kohlrüben.
- 🌱 Frühsommer: Gurken, Karotten und Rote Beete für den Winter, Grünkohl, Wirsing, Sommersalat.
- 🌱 Mittsommer: Radicchio, Koriander, Kerbel, Wilde Rauke.
- 🌱 Spätsommer: Rucola, Asia-Salate, Endivie, Spinat für den Winter, Frühlingskohl und Zwiebeln.
- 🌱 Frühherbst: eine breite Auswahl an Wintersalaten.
- 🌱 Herbstmitte: Knoblauch.

»*Töpfe und Schalen für Samen und Pflanzen müssen sauber und steril sein*«

~ FALSCH ~

Das Waschen und Sterilisieren von Behältern ist eine langwierige und wenig aufregende Arbeit; insofern ist es gut, dass inzwischen sogar die *Royal Horticultural Society* zugibt, dass dies doch keine zwingend notwendige Aufgabe ist. Historisch gesehen, war das vielleicht in großen Gärten, wo man überzählige Arbeitskräfte in den Wintermonaten mit dem Auswaschen von Töpfen beschäftigt halten konnte, zur Gewohnheit geworden, und die anderen Gärtner machten es dann denen nach, die sie für höherstehend hielten. Die üblichen Krankheiten beim Pflanzenanbau sind aber mithilfe bewährter Verfahrensregeln vermeidbar und haben ihre Ursache nicht im verwendeten Material.

Die Schalen und Töpfe, die ich für das Anziehen und Vorkultivieren von Pflanzen verwende, bürste und reinige ich vor der Wiederverwendung nicht einmal, und sterilisiert werden sie schon gar nicht: Drei Jahrzehnte lang haben sie nun bis zu hundert Partien gesunder Pflanzen hervorgebracht, wobei die Schalen pro Jahr drei- bis viermal verwendet wurden; für jede Aussaat habe ich sie einfach frisch mit Kompost aufgefüllt. Krankheiten, die dabei gelegentlich auftraten, lassen sich durch das Wetter oder meine Fehler erklären – vor allem Blattbräune (bei der die Blätter von Pilzen vernichtet werden) unter feuchten Bedingungen, wenn die Blätter der Setzlinge zu eng standen, zu oft gegossen oder zu früh gesät wurden.

»Unter Abdeckung gezogene Pflanzen müssen immer erst
sorgfältig abgehärtet werden, bevor man sie auspflanzt«

~ TEILWEISE RICHTIG ~

»Abhärten« bedeutet, dass man Pflanzen, die drinnen gezogen
wurden, für ein oder zwei Tage nach draußen stellt, bevor man sie
in die Erde auspflanzt. Ein gewisses Maß an Abhärtung ist richtig;
diese Feststellung muss allerdings, wie so vieles, was zur Regel geworden ist, näher qualifiziert werden; es gibt Fälle, in denen man
das Abhärten umgehen kann, um Zeit zu sparen und das Wachstum zu beschleunigen. Das weiß ich aus Erfahrung; ich habe mit
Erfolg Salat, Spinat, Rote Beete, Zwiebeln, Zucchini, Erbsen und
so weiter angebaut, die aus dem Gewächshaus direkt in die Erde
kamen. Im Frühling, wenn die Luft kalt ist, aber die Sonne scheint,
verwende ich Vlies zur Abdeckung frisch gesetzter Pflanzen; dann
sind zwar die Wurzeln der Pflanzen kurzzeitig kühler als gewohnt,
aber ihre Blätter sind doch gegen den Wind geschützt, der oft mehr
Schaden anrichtet als niedrige Temperaturen.

Es empfiehlt sich auch zu wissen, welche Pflanzen frosthart sind;
oft trifft man nämlich auf Empfehlungen wie »Decken Sie Ackerbohnen, Gartenerbsen, Duftende Platterbsen und Knoblauch ab,
um sie vor Frost zu schützen, oder holen Sie sie über Nacht nach
innen«. Keine dieser Pflanzen wird jedoch durch Frost zer-
stört – ebenso wenig wie Salat, Spinat, Kohl oder Zwiebeln.
Der Frost schadet nur Kürbissen, Tomaten, Sommerboh-
nen und Zuckermais; bei diesen sollten Sie deshalb das
Ende der Fröste abwarten, bevor Sie sie auspflanzen.

»Vor dem Säen und Pflanzen sollte man den Boden besser durch Abdecken vorwärmen«

~ FALSCH ~

Ich habe das ausprobiert und kaum einen Unterschied festgestellt – auf jeden Fall nicht im Vergleich mit dem erheblich wichtigeren Abdecken *nach* dem Säen und Pflanzen, wenn das Wachstum tatsächlich im Gang ist. Vorgewärmter Boden hält die zusätzliche Wärme nicht lange, und die Pflanzen haben viel mehr davon, wenn sie nach dem Auspflanzen geschützt werden; dann haben sie nicht nur zusätzliche Wärme, sondern der Wind bläst auch nicht so stark gegen ihre Blätter.

Wärmerer Boden im Frühling ist etwas Erstrebenswertes, und als ich in den 1980er-Jahren Mitglied in einer Erzeugergenossenschaft war, sprachen mich die Kollegen dort immer auf die Tatsache an, dass meine Pflanzen so früh kamen. Deshalb fing ich an zu überlegen, ob Boden, der nicht umgegraben ist, vielleicht dem Pflanzenwachstum mehr Wärme bietet, weil die Wärme aus größerer Tiefe besser nach oben geleitet wird. Ist der Boden bearbeitet worden, dann hat man zwischen der dichteren, homogenen Erde unten und der lockereren, bearbeiteten Erde oben eine »Trennlinie« geschaffen, die es den Wurzeln schwerer macht, an die Feuchtigkeit in den tieferen Schichten zu kommen; so wird wahrscheinlich auch der Aufstieg der Wärme von unten gehemmt.

5

»*Wurzelgemüse kann man nicht verpflanzen*«
~ FALSCH ~

Alles Wurzelgemüse kann man verpflanzen; bei Karotten und Pastinaken muss man allerdings sehr aufpassen, dass die Hauptpfahlwurzel in einem Stück erhalten bleibt, bevor man sie einpflanzt. Das kann man erreichen, indem man diese Sorten verpflanzt, solange sie klein sind, oder indem man lange Hülsen benutzt, wie Klopapierrollen oder Wurzeltrainer. Alle anderen Wurzelgemüse lassen sich leicht umpflanzen, insbesondere wenn sie in Modulen angesetzt wurden, um zuverlässiges Auskeimen und geringstmögliche Störung der Wurzeln sicherzustellen und um die Ernte voranzutreiben. So können Sie zum Beispiel Rote Beete im Spätwinter unter einer Abdeckung säen, um sie einen Monat später unter einem Vlies zu pflanzen und dann vor der Sommermitte zu ernten, wenn sie besonders köstlich schmecken und es wenig andere Gemüsesorten gibt.

Um Platz, Zeit und Kompost zu sparen, säen Sie vier Samen Rote Beete, Frühlingszwiebeln oder Rettich oder bis zu sechs Zwiebelsamen im selben Modul und pflanzen sie im Büschel aus; die sich entwickelnden Wurzeln verdicken sich dann in ihrem Büschel zusammen und nach außen. Säen Sie zwei Steckrübensamen in ein Modul und lassen Sie nur die stärkere Pflanze stehen, damit diese, wenn sie im Frühsommer gepflanzt wird, zu einer großen

Wurzel auswachsen kann. Die kleinen Selleriesamen sät man am besten in einer Samenschale, um sie in Module zu pikieren, wenn die Sämlinge zwei Blätter haben, und pflanzt sie dann vor dem Frühsommer aus.

»Bestimmte Pflanzen müssen direkt ausgesät werden«
~ OFT FALSCH ~

Obwohl dieser Mythos dem vorherigen gleicht, ist er doch weniger präzise; man stößt allerdings auf Empfehlungen wie »Koriander / Kalifornischen Mohn usw. sät man am besten direkt aus, weil sie das Umpflanzen nicht mögen«. Wenn ich sehe, wie gut diese Sorten sich bei mir nach dem Umpflanzen entwickelt haben, höre ich solche Behauptungen mit Skepsis. Oft pflanze ich auch zweimal um: Ich pikiere von der Aussaatschale ins Modul, danach wird in die Erde ausgepflanzt.

Vielleicht kommt eine Überzeugung wie die oben genannte daher, dass die Pflanzen zwar schlecht wachsen, aber aus anderen Gründen, die nichts mit dem Umpflanzen zu tun haben, zum Beispiel wegen schlechter Anzuchterde, ungünstigen Wachstumsbedingungen oder schlechtem Boden. Wenn Sie erst einmal über Vermehrungsflächen und ein paar Anzuchtschalen und Kompost verfügen, dann können Sie Geld und Zeit sparen, indem Sie die Pflanzen unter kontrollierten Bedingungen aufziehen und nicht direkt aussäen; das lohnt sich schon allein deshalb, weil Sie von den teuren Samen weniger brauchen. Während die Samen in den Schalen auskeimen und wachsen, haben Sie zudem mehr Zeit, um

Unkraut zu jäten und die Erde vor dem Auspflanzen wirklich gut vorzubereiten. Aus dem ganzen Spektrum an Gemüse und Blumen, die ich erzeuge, säe ich nur Karotten und Pastinaken direkt aus und gelegentlich noch andere, wie etwa Spinat und Feldsalat (Rapunzel), wenn ich sie in großen Mengen anbaue.

*»Für die Aussaat von Samen muss die Erde
so fein wie möglich sein«*

~ OFT FALSCH ~

Die Geräte, vor allem die elektrisch betriebenen, geben uns alle miteinander die Möglichkeit, mit der Erde mehr herumzuspielen, als ihr guttut, und aus eigener Erfahrung weiß ich, dass viele Probleme darauf zurückzuführen sind, dass die Saatbeete zu fein geraten sind. Da wurde dann die Erde maschinell zu Pulver zermahlen; vielleicht wurde sie auch nur mit dem Rechen bearbeitet, aber derart intensiv, dass die ihr innewohnende Struktur verloren ging. Das Ergebnis ist oft eine dünne harte Kruste auf der Oberfläche; bei trockenem Wetter hat dies zur Folge, dass die ausgekeimten Samen ihre ersten Blätter nicht nach oben schicken können und daher eingehen, obwohl sich ihre Wurzeln gut entwickeln.

Auf sandigen oder kalkhaltigen Böden kommt es normalerweise nicht zu einer solchen Kruste, ebenso wenig dort, wo es in der Nähe oder auf der Oberfläche organisches Material gibt; Kompost bleibt nämlich beieinander, gut durchlüftet und krümelig, auch wenn er für die Saat mit dem Rechen zu einem garen Boden hergerichtet wurde. In einen solchen Boden lässt es sich sehr angenehm säen, finde ich, wobei die größeren Krümel dafür sorgen, dass die Oberfläche offen bleibt.

Auskeimen und Wachstum werden am besten gefördert, wenn die Struktur um die sich entwickelnden Wurzeln fest und doch durchlüftet ist, und das ist immer der Fall bei nicht bearbeitetem Boden mit einer Schicht Oberflächenkompostierung. Man kann bei so einem Boden ohne viel Vorbereitung und mit kleinen Klumpen in den Saatreihen säen, wenn der geeignete Zeitpunkt im Jahr gekommen ist.

»Für jede Gemüsesorte muss man die Samen in speziellem Abstand säen«

~ OFT FALSCH ~

Es ist natürlich wichtig, dass die Sämlinge genug Platz haben, und das variiert je nach Gemüsesorte; einen absolut richtigen Abstand gibt es aber nicht. Es kommt nämlich darauf an, wie stark und wie schnell Ihre Pflanzen vor dem Ernten wachsen sollen. Kleinere Abstände bedeuten schnellere Ernten kleinerer Blätter und Wurzeln, wie sie durch Ausdünnen von Karotten und Spinat produziert werden. Eigentlich ist Ausdünnen gar nicht nötig, wenn man beim Säen exakt vorgeht: Rote Beete und Zwiebeln wachsen zum Beispiel gut in Büscheln von vier oder fünf Wurzeln. Damit spart man beim Aufziehen von Pflanzen Kompost und Platz und kann auch die Ernteerträge steigern; je nachdem, wie Sie säen und das Wachstum lenken, ergeben sich weniger große und dafür mehr mittelgroße Wurzeln. Wenn Sie fruchtbare Erde haben, können die Abstände kleiner sein; infolge der Verschattung des Bodens wird so auch das Unkrautwachstum gehemmt. Nehmen Sie also die Abstandsangaben auf den Samenpackungen eher als Orientierungshilfe und nicht als feststehende Regel.

Noch ein Tipp: Setzen Sie alle Gemüsesorten, die als Salate verwendet werden sollen, in Abständen von 15 bis 22 Zentimetern, je nachdem, wie groß die Blätter werden sollen. Dies gilt für Kopfsalat, Endivie, Spinat, Mangold, Grünkohl, Erbsensprossen, Salatkraut, Gartenschaumkraut, Rucola und Kräuter. So geht alles ganz einfach; man kann schneller viele verschiedene Gemüsesorten zusammen säen und pflanzen, ohne dass man für jede einzelne spezielle Abstandsregeln heraussuchen muss.

»Es gibt exakte Zeiten für das Säen, die sich nach dem Mond richten«

~ TEILWEISE RICHTIG ~

Ich bin zwar überzeugt, dass Mondkräfte einen Einfluss auf den Zeitpunkt der Aussaat haben, rechne dies hier aber unter die Mythen, weil man nur schwer abgrenzen kann, welche Wechsel der Mondphasen am meisten ins Gewicht fallen. Der sehr einflussreiche Mondkalender von Maria Thun zum Beispiel arbeitet hauptsächlich mit Tierkreiszeichen und kümmert sich wenig darum, ob der Mond zu- oder abnimmt; viele ältere Bauern dagegen lassen sich beim Säen gerade von diesem Kriterium leiten, während ich französische Farmer kannte, die genau darauf achteten, ob der Mond auf- oder absteigend war.

Ich habe Experimente durchgeführt, indem ich Karotten an leicht unterschiedlichen Daten in Bezug auf Zunehmen, Abnehmen und Tierkreiszeichen aussäte; zu bestimmten Zeiten im Jahr waren die Ergebnisse stark abweichend, zu anderen Zeiten dagegen war der Unterschied weniger ausgeprägt; meine Ergebnisse deuten darauf hin, dass Mondwechsel im Frühling größeren Einfluss auf die Aussaat haben als im Sommer.

Es kommt teilweise darauf an, ob Sie einfach den höchsten Ertrag anstreben oder ob Sie darauf abzielen, den einen oder anderen Aspekt des Pflanzenwachstums zu fördern oder zu hemmen – wollen Sie also zum Beispiel Karotten mit mehr Wurzeln und weniger Blatt, dann säen Sie, wenn der Mond in einem Zeichen des Elements »Erde« steht. Wollen Sie kräftiges Wachstum anregen, dann sollten Sie, wenn möglich, zwei Tage vor Vollmond säen. Geht es darum, Einfluss auf die Wachstumsbalance zu nehmen, lohnt es sich, Maria Thuns Methode auszuprobieren.

Kapitel III

Das Bewässern

So viele Mythen ranken sich um das Bewässern, dass eine eigentlich einfache Tätigkeit inzwischen ziemlich kompliziert erscheint. Werden diese Mythen entlarvt, kommen Möglichkeiten, wie man gesundes Wachstum erreichen kann, wieder eher in den Blick, das Gießen am Morgen zum Beispiel oder auch das Gießen in der prallen Sonne, wenn die Pflanzen danach verlangen.

»Gießen Sie abends, damit weniger Feuchtigkeit durch Verdunstung verloren geht«

~ OFT FALSCH ~

Die Versorgung der Pflanzen mit Wasser spielt im Gartenbau wirklich eine Schlüsselrolle; es lohnt sich also, hier gut Bescheid zu wissen, um anhaltendes und gesundes Wachstum zu erreichen. Am besten beginnt man damit, von den zahlreichen Irrtümern zum Thema Bewässerung zumindest einige zurechtzurücken, und gerade dieser Mythos von der richtigen Tageszeit für das Gießen ist sehr weit verbreitet.

Es stimmt, dass die Verdunstung in der Nacht geringer ist als am Tag, sodass Blätter und Erde länger feucht bleiben, aber die Frage ist, ob das Wasser, das da in der Nacht »herumhängt«, den Pflanzen auch wirklich guttut. Meiner Meinung nach begünstigt

TIPPS ZUM GIESSEN

Das Gießen gelingt besser, wenn der Boden einen angemessenen Anteil organischen Materials enthält – mindestens fünf Prozent und für Gemüse am besten noch mehr, weil organisches Material wie ein Schwamm wirkt; es kann Feuchtigkeit besser speichern als Erde.

Eine Bewässerungsmethode, auf die man verzichten sollte, ist das regelmäßige Besprengen mit kleinen Mengen Wasser; dies führt nun wirklich zu hohen Verdunstungsverlusten und ist für die Pflanzen nicht optimal. Ich schlage vor, Erde, die trocken aussieht, *vor* dem Gießen mit einer Handschaufel zu untersuchen, um festzustellen, wie viel Feuchtigkeit darunter noch vorhanden ist: das kann in Lehmböden mehr sein, als Sie glauben.

Auch *nach* dem Gießen könnten Sie die Erde ab und zu untersuchen: Kratzen Sie mit einer Handschaufel die Oberfläche weg, um festzustellen, wie tief die Feuchtigkeit eingedrungen ist. Wenn der Boden vor dem Gießen richtig trocken war, werden Sie sich wundern, wie trocken er nach wie vor ist! Das kommt daher, dass ein Teil des Wassers durch den trockenen Boden rinnt, bevor dieser durch die Feuchtigkeit aufgegangen ist; daher sollten Sie besser schrittweise gießen. Zum Glück können die meisten Pflanzen in trockener Erde und in Töpfen erstaunlich gut überleben, mit nicht mehr als einer Erhaltungsration; sie wachsen dann schnell, wenn sie mehr Wasser erhalten.

die nächtliche Feuchtigkeit, dass Schnecken herumkriechen und sich Pilzkrankheiten wie Mehltau entwickeln. Das morgendliche Gießwasser trocknet dagegen schnell sowohl auf den Blättern wie auf dem Boden oder der daraufliegenden Kompostschicht, mit dem Ergebnis, dass Schädlinge und Krankheiten seltener auftreten, während die Erde darunter aber feucht bleibt.

Entscheidend ist hier die Frage, was man unter »Gießen« versteht; für mich heißt es gründlich bewässern, also ausreichend gießen, sodass das Wasser den Boden richtig durchfeuchtet und so lange vorhält, wie es möglich und machbar ist. Was Töpfe und Module bei gutem Wetter angeht, so sollten Sie sie tüchtig gießen, bis an die Grenze des Fassungsvermögens; auf diese Weise haben die Wurzeln einen Feuchtigkeitsvorrat, während die Oberfläche allmählich trockener wird. Was Beete aus Erde und Kompost betrifft, so sollten Sie so viel Wasser geben, dass es den Pflanzen für ein paar Tage Wachstum reicht; auf diese Weise bleibt die Oberfläche länger trocken. Weitere Tipps zum Gießen siehe Infokasten.

11

»Kleine Setzlinge wässert man am besten von unten statt von oben«

~ OFT FALSCH ~

Wenn ich mit den Teilnehmern meiner Gartenbaukurse ins Gespräch komme, staune ich immer wieder, was sie alles an Ratschlägen bekommen haben. Dieser spezielle Mythos hat zur Folge, dass unnötigerweise Kapillarvlies eingesetzt wird. Dieses dient dazu, unterhalb der Module und Behälter Feuchtigkeit zu speichern, damit die Wurzeln sie bei Bedarf aufsaugen können. Ich habe allerdings einmal eine große Vermehrungsfläche gesehen, in der viele der Setzlinge unter Wassermangel litten, entweder weil sie auf die feuchte Matte gesetzt worden waren, bevor ihre noch kurzen Wurzeln mit der Feuchtigkeit darin Kontakt aufnehmen konnten, oder weil die Anzuchterde nicht in Kontakt mit der Matte war. Wenn das Wasser dagegen von oben zugeführt wird, können Sie erkennen, wo mehr und wo weniger Wasser benötigt wird, und dann gibt Ihnen das Gießen per Hand (mit einer feinstrahligen Kanne) die Möglichkeit, eventuelle Ungleichmäßigkeiten auszugleichen.

Eine Variante dieses Irrglaubens besagt, dass durch das Bewässern von oben die Nährstoffe ausgewaschen werden; das könnte aber allenfalls dann passieren, wenn regelmäßig zu viel gegossen wird. Wenn Sie sich wegen des Auswaschens Sorgen machen, rate ich zur Verwendung von biologischem Kompost, der die meisten Nährstoffe in wasserunlöslicher Form bereithält (mehr zu Kompost in Kapitel VIII).

Ein weiterer Mythos empfiehlt, dass das Wasser, das man zum Gießen verwendet, die gleiche Temperatur wie die Pflanzen haben sollte. Wenn Sie jedoch am Morgen gießen, wobei sich Erde und Kompost im Lauf des Tages ja erwärmen, ist dies weniger von Bedeutung. Halten Sie im Gewächshaus immer eine Kanne Wasser bereit, das ist auf jeden Fall gut; aber Sie werden immer wieder auch Wasser aus der kälteren Regentonne oder auch Leitungswasser brauchen.

*»Bei Pflanzen in Behältern muss man unten Steine,
Kies oder Tonscherben einlegen, damit die Entwässerung
richtig funktioniert«*

~ FALSCH ~

Dies wird nach wie vor so gehandhabt, auch wenn in der Theorie
wie in der Praxis nachgewiesen ist, dass man dadurch das Wachstum hemmt. Im Kompost befindet sich das Wasser zwischen all den
vielen kleinen Partikeln, und diese bieten reichlich Oberfläche, um
nach dem Gießen eine Menge Feuchtigkeit zu speichern. Hat man
unten jedoch eine Kies-, Kohlen- oder Scherbenschicht eingefüllt,
so erzeugt das Wasser oft so viel Oberflächenspannung, dass es an
dieser groben Schicht »haften« bleibt. Auf diese Weise behindern
diese Materialien in Wirklichkeit den Abfluss und führen in der
Schicht darüber eventuell zu Staunässe.

Dieser Irrglaube hat noch einen weiteren nachteiligen Effekt,
nämlich dass der Behälter weniger Gartenerde enthält,
was auch weniger Gehalt an Nährstoffen bedeutet.
Wegen des kleineren Volumens wird es noch
schwieriger, ausreichend zu gießen, ohne dass
es zu Staunässe kommt.

In kultivierten Böden kann es zu einem
anderen Prozess kommen, aber mit möglicherweise ähnlichen Ergebnissen, nämlich dort, wo der
bearbeitete krümelige Bereich auf einer dichten Schicht
homogenen Bodens aufliegt: Selbst wenn es da keine
harte, verdichtete Bodenschicht gibt, ist der Feuch-

tigkeitsdurchfluss aufwärts wie abwärts möglicherweise behindert
(vgl. Mythos 4 »Vor dem Säen und Pflanzen sollte man den Boden
besser durch Abdecken vorwärmen«).

»Man muss täglich gießen«
~ OFT FALSCH ~

Dies trifft nur bei solchen Pflanzen zu, die mit ihren Wurzeln die
gesamte Erde in einem engen Raum ausfüllen, ob in Modul, Behälter oder Pflanzbeutel; da das Erdvolumen begrenzt ist, reicht
das Wasser darin nur für einen oder zwei Tage aus. Achten Sie auf
den Wetterbericht; bei feuchtem oder kühlerem Wetter verbrau-
chen Pflanzen nämlich viel weniger Wasser als bei starker Sonneneinstrahlung und warmer Luft. Seien Sie dann sparsam mit dem
Wasser, wenn die Früchte an den Pflanzen reifen, zum Beispiel im
Spätsommer, wenn es darum geht, dass die Tomaten reif werden,
und nicht darum, dass sich neue Früchte entwickeln (mehr Informationen zu Tomaten in Kapitel V).

Automatische Bewässerungssysteme für Behälter können Ihnen eine gewisse innere Ruhe geben und das befreiende Gefühl,
sich nicht um die Pflanzen kümmern zu müssen. Systeme dieser
Art sind aber eine ziemliche Wasserverschwendung und tun den
Pflanzen, die eventuell unter Stress stehen, weil sie zu viel oder zu
wenig Wasser bekommen, manchmal gar nicht so gut. Wo immer es
möglich ist, gießen Sie per Hand, und passen Sie die Wassermenge
dem Wetter und den Bedürfnissen der jeweiligen Pflanze an, so wie
Sie das beobachten.

In enger Verbindung mit diesem Mythos steht die weitverbreitete Vorstellung, man müsse dann gießen, wenn die Erdoberfläche einen trockenen Eindruck macht. Dies trifft aber eher für Behälter zu als für den Boden selbst; dort haben die Pflanzen oft in Schichten, die wir nicht sehen können, riesige Reserven zur Verfügung.

»Gießen bei praller Sonne schädigt die Blätter«

~ FALSCH ~

Dieser Mythos hat eine treue Anhängerschaft, und trotzdem hat kein Mensch, den ich kenne, jemals »Blattverbrennungen« infolge Gießens bei hellem Sonnenlicht gesehen, übrigens auch kein Forscher. Dr. Gábor Horvath, der im Jahr 2009 an der ungarischen Eötvös-Universität in Budapest ein Experiment leitete, stellte fest: »Um dieses Problem haben sich bisher nur Amateure, Gärtner und Laien gekümmert, die lediglich Spekulationen anstellen konnten. Die Konsequenz ist, dass das Feld von Mythen beherrscht wird.« Die ungarischen Physiker untersuchten die Folgen, die sich aus dem Gießen unter Sonneneinstrahlung ergaben, und setzten auch Computermodelle ein, ohne irgendeinen Hinweis auf Blattschäden zu entdecken. Das Einzige, was man fand, waren ein paar Ablagerungen von verunreinigtem Wasser auf den Blättern, die man vielleicht fälschlicherweise für eine Schädigung halten konnte.

Zur Überprüfung ihrer Experimente legten die Forscher Glasperlen auf die Blätter, welche tatsächlich zu Verbrennungseffekten führten. So wurde nachgewiesen, dass man durch Bündelung von

Licht zwar Blattverbrennungen herbeiführen kann, aber eben nicht durch Wassertropfen. Das liegt daran, dass Wassertropfen sich auflösen und verdunsten, bevor der Schaden entsteht, und zu dicht auf der Blattoberfläche liegen, um durch den Vergrößerungseffekt Schaden anzurichten. Dies leuchtet ein; andernfalls würde bei Schauerwetter, wenn plötzlich die Sonne hervortritt, manchmal noch während es regnet, ein riesiger Schaden entstehen!

In meinen Augen ist es wirklich sehr hilfreich, dass man dies nun weiß, und zwar aus mehreren Gründen:

- Setzlinge und kleine Pflanzen in Anzuchtschalen und Modulen haben an heißen Tagen nachmittags oft keine Feuchtigkeit mehr; jetzt kann man sie bei Sonnenschein mit genug Wasser versorgen, damit die Anzuchterde vollständig durchfeuchtet ist.

- Großen Pflanzen mit hohem Wassergehalt kann man nun helfen, durch einen Tag von intensiver heißer Sonneneinstrahlung zu kommen. Dies gilt insbesondere für schnell wachsende Gurkensorten, die nach einer solchen Bewässerung oft wieder aufleben, nachdem sie vorher Mühe gehabt hatten, über ihre Wurzeln an genügend Wasser zu kommen; stattdessen können sie nun das Wasser durch die Spaltöffnungen auf ihren Blättern aufnehmen, die daraufhin nicht mehr verwelkt aussehen, sondern wieder ihr normales fleischiges Aussehen annehmen. Um diese Verwandlung zu erzielen, braucht es nur ganz wenig Wasser, es ist also höchst effizient.

- Infolge des oben Gesagten verringert sich die Notwendigkeit, eine weitere meist unnötige Arbeit auszuführen, und zwar …

»Gewächshäuser benötigen Kalkanstrich oder Beschattung, bevor die pralle Sommersonne sie zu stark erhitzt«

~ OFT FALSCH ~

Es mag zwar sehr professionell aussehen, wenn man ein beschattetes Gewächshaus besitzt; doch werden Sie meiner Meinung nach das Wachstum auf diese Weise wahrscheinlich eher bremsen als steigern, insbesondere im eher wolkenreichen Klima Mitteleuropas. Als ich in Südwestfrankreich Gemüse in Folientunneln züchtete, bei Außentemperaturen von 36 °C, stellte ich fest, dass meine Pflanzen Tage von intensiver Sonneneinstrahlung gut vertragen konnten. Das Licht ist der Schlüssel für das Pflanzenwachstum – daher haben beispielsweise die riesigen Gewächshäuser in Thanet in Großbritannien ein Spezialglas mit geringem Eisengehalt, damit mehr Licht durchdringt, und ganz besonders dünne Fenstersprossen.

Unzureichende Belüftung könnte eher zum Problem werden als hohe Lichtwerte, insbesondere in Gewächshäusern, wo Oberlichte weniger Luftbewegung erlauben als etwa eine zweite Tür. Gut belüftete Pflanzen haben nur an wenigen extrem heißen und lichtintensiven Tagen mit der Hitze zu kämpfen, und dann ist etwas Gießen um die Mittagszeit tatsächlich eine große Wohltat (siehe den vorherigen Mythos), vor allem für Kürbisse mit fleischigen Blättern und Pflanzen mit begrenzter Wurzelreichweite. Große Pflanzen könnten auch Probleme bekommen, wenn sie in die heißere Luft unterm Dach des Gewächshauses hineinreichen – also sehen Sie zu, dass Sie neben der Bereitstellung von ausreichend Wasser so gut wie möglich für Belüftung sorgen.

Der Gemüsegarten – Planung und Gestaltung

Auch die Theorien zur Planung von Gemüsegärten beinhalten ihre speziellen, fest etablierten Missverständnisse. Wenn Sie diese als das erkennen, was sie sind, werden Sie bei Planung und Gestaltung sehr viel entspannter ans Werk gehen können – indem Sie zum Beispiel das anbauen, wozu Sie Lust haben, und nicht das, was Ihnen die »Regeln« des Fruchtwechsels vorschreiben.

»Fruchtwechsel ist wichtig für die Verbesserung der Bodenfruchtbarkeit«

~ OFT FALSCH ~

Die meistgenannte Regel beim Fruchtwechsel besagt, dass zwischen Pflanzen der gleichen Familie ein Zwischenraum von vier Jahren erforderlich ist. Diese Regel lässt sich über 300 Jahre zurückverfolgen bis zu einem Rotationssystem, das Charles »Turnip (Rübe)« Townshend für seine Ländereien in Norfolk erfunden hatte. Er ersetzte ein Brachjahr in der traditionellen Dreifelderwirtschaft durch Klee, der die Bodenfruchtbarkeit verbessert, und fügte dann noch Rüben dazu, sodass sich eine Vierfelderwirtschaft ergab. Beide, Klee wie Rüben, dienten als Nahrung für Tiere, deren Ausscheidungen mitsamt dem Dung die Fruchtbarkeit zusätzlich steigerten. Dieses Verfahren wurde bald überall angewendet, und bei vielen Bauern erhöhte sich die Produktivität, bis die Erfindung von synthetischem Stickstoffdünger den Bedarf an Klee und tierischem Dünger zurückgehen ließ.

Dieser kleine historische Rückblick ist ein gutes Beispiel dafür, wie Regeln für den modernen Gartenanbau oft in einem historischen Kontext gründen, der heute vielleicht gar keine Bedeutung mehr hat oder nur für den Anbau in landwirtschaftlichem Maßstab und nicht für Gärten relevant ist, wo andere Methoden zur Anwendung kommen. Gartenparzellen sind nicht das Gleiche wie die Felder von Townshend, wo die Bauern kaum Zugriff auf Kompost hatten und die jeweiligen Arten in größeren Blöcken anbauten.

Bei jedem Fruchtwechsel ist der schwierigste Teil der Anbau unter einer Abdeckung, und dies bringt uns zu einem interessanten Punkt, was Tomaten betrifft – siehe Mythos 17.

SCHWIERIGKEITEN, DIE SICH AUS EINER STRIKTEN EINHALTUNG DER FRUCHT-FOLGE ERGEBEN

Es gehört zum Grundprinzip des Fruchtwechsels, dass er dazu beiträgt, die Entstehung von Bodenproblemen bei bestimmten Pflanzenfamilien zu verhindern, indem jede Familie jedes Jahr an einer anderen Stelle angebaut wird. Dieses scheinbar vernünftige Prinzip ist in der Praxis nicht ganz so unkompliziert, aus verschiedenen Gründen.

- Es ist nicht zu erwarten, dass das, was Sie essen wollen und letztendlich auch pflanzen, den genau definierten Quoten einer speziellen Fruchtfolge entspricht.
- In einem kleinen Garten stehen viele Gemüse unterschiedlicher Fruchtfolgefamilien dicht beieinander, und dort, wo sie aufeinandertreffen, könnten sich Probleme mit Krankheiten ergeben (obwohl das oft gar nicht der Fall ist).
- Viele Gemüse brauchen zum Wachsen nur die Hälfte einer Saison; wenn man also nach Einbringung der ersten Ernte nicht das gleiche Gemüse im Sommer noch einmal pflanzt, was ja aber wohl dem Rotationsprinzip widerspricht, wird man, was Pflanzenfamilien angeht, im Grunde den Fruchtanbau von zwei Jahren innerhalb eines Jahres vornehmen. So muss aus einer Vierfelderwirtschaft eine Zwei- oder Dreifelderwirtschaft werden.

Vierjahresabstände sind schwierig; ich schlage zwei oder mehr Jahre zwischen den Gemüsesorten jeder Hauptfamilie vor, je nachdem, von welcher Sie am meisten anbauen. Die wichtigsten Gruppen, die man hierbei beachten sollte, sind Kohlsorten, Hülsenfrüchte, Doldengewächse (Karotten und so weiter), Kürbisgewächse, Gänsefußgewächse (Rote Beete), Nachtschattengewächse (Kartoffeln und so weiter), dazu Vermischtes einschließlich zahlreicher Salatsorten.

17

»Wenn man über längere Zeit Tomaten anbauen will, muss man die Erde im Gewächshaus jährlich auswechseln«

~ TEILWEISE RICHTIG ~

Hinter diesem Mythos steckt eine vernünftige Theorie; es ist tatsächlich so, dass Schädlinge, die die Wurzeln von Tomaten angreifen, sich im Boden anreichern. In der Praxis ist das aber ein ziemlich mühsames Unterfangen; aus diesem Grund verwenden Gärtner entweder Pflanzbeutel statt ihrer Gewächshauserde oder bewegen im Namen der Bodenhygiene die Erde sehr stark hin und her. Die Erde jährlich auszutauschen macht viel Arbeit. Es gibt aber andere Möglichkeiten: Man kann größere Mengen neuen Kompost dazugeben und immer wieder abwechseln zwischen Tomaten und Melonen, Gurken und anderen exotischen Gemüsen, um nur einige zu nennen.

Ich erzeuge jedes zweite Jahr gute Tomaten, indem ich etwa acht Zentimeter meines besten Komposts oder ein- bis anderthalb Jahre alten tierischen Dünger oben auf die Erde gebe. Dies reduziert die Wirkung von Bodenschädlingen, hält den Boden gesund und fruchtbar und belohnt die Mühe garantiert mit einem schmackhaften Ertrag. Ich habe Gewächshäuser erlebt, in denen es auch nach fünf Jahren Anbau in Folge immer noch eine gute Tomatenernte gab. Sie können in derselben Erde auch noch ergiebige Wintersalatsorten anbauen, ohne Beigabe von zusätzlichem Kompost: Säen Sie im Frühherbst Samen in Module oder Anzuchtschalen, um sie dann einen Monat später, sobald die Tomaten entfernt sind, auszupflanzen.

»Für Anlage und Pflege eines Gemüsegartens ist ein Plan notwendig«

~ TEILWEISE RICHTIG ~

Es ist sinnvoll, eine grobe Planung zu haben. Man sollte aber wissen, dass die Art und Weise, wie Gemüsegärten normalerweise angelegt und auch bepflanzt werden, von der Tradition der Ziergärten beeinflusst ist; dazu gehören starke Eingriffe in die Landschaft mit hartem Material sowie das Vorherrschen mehrjähriger Bepflanzung, was eine detaillierte Planung vor Beginn erforderlich macht. In Gemüsegärten dagegen besteht der größte Teil der Fläche aus Erde, und die meisten Pflanzen sind einjährig. Beim Planen geht es also neben der Anordnung von Schuppen, Gewächshäusern und anderen Anlagen vor allem um die Ausrichtung und Größe der Beete.

Sobald Sie in diesen wenigen Punkten eine Entscheidung getroffen haben, ist es ratsam, wenn Sie ungefähr wissen, wo Sie säen und pflanzen wollen; das funktioniert besser, als festgelegte Flächen und Abgrenzungen zu definieren. Das wird nämlich schwierig, wenn Sie zu wenig oder zu viele Pflanzen haben oder wenn Pflanzen von Schnecken gefressen werden; vielleicht bekommen Sie auch schöne Exemplare von einem Freund angeboten oder würden gerne etwas Neues anbauen. Gärtnern macht mehr Spaß, wenn man nach eigenem Gusto spontan und kreativ sein kann und nicht den Vorschriften anderer Leute folgen muss, und in meinen Augen ist die rasch wechselnde Gestalt und Form beim Gemüseanbau genauso spannend wie jede formale Planung oder Struktur.

»Beete und Reihen sollten in Nord-Süd-Richtung angeordnet werden«

~ TEILWEISE RICHTIG ~

Wie das bei vielen Mythen der Fall ist, wird auch hier eine Feststellung, die durchaus etwas Wahres enthält, zur Regel gemacht, obwohl in den meisten Fällen andere Faktoren schwerer wiegen. Zunächst einmal ist da die Frage, wo Sie den Garten oder das Grundstück betreten. Die Stelle, an der sich der Zugang oder die Eingangstür befindet, ist von entscheidender Bedeutung, wenn man bequemen Zugang zu den Wegen und zwischen die Pflanzenreihen haben will. Abschüssiges Gelände ist auch ein Gesichtspunkt, den man beachten muss. Ein richtig steiler Hang bedeutet, dass Sie Beete quer dazu, mit Terrassenwirkung, anlegen können, während es sich auf leicht geneigtem Gelände empfiehlt, die Beete auf- und abwärts auszurichten.

Beete werden vor allem deshalb in Nord-Süd-Richtung angelegt, weil man verhindern will, dass die höheren den niedrigeren Pflanzen, die nördlich von ihnen stehen, die Mittagssonne wegnehmen. Wenn es allerdings um Verschattung geht, dann sind die Hauptschuldigen die Stangenbohnen; da diese aber im Sommer wachsen, wenn es am Morgen und am Abend viel Sonnenlicht von Ost und West gibt, muss man sich wegen des Schattens nicht so viele Sorgen machen. Von den anderen häufig angebauten Gemüsesorten sind die meisten ziemlich niedrig wachsend, nicht höher als 60 Zentimeter, sodass es nicht zu Verschattungsproblemen kommt – siehe auch den nächsten Mythos.

»Gewächshäuser und Folientunnel müssen in Nord-Süd-Richtung angelegt werden«

~ TEILWEISE RICHTIG ~

Für diese Empfehlung gibt es vor allem zwei Gründe, die beide mit der im Süden stehenden Mittagssonne zu tun haben: Zum einen soll die Beschattung niedriger Gewächse durch ihre hohen Nachbarn möglichst klein gehalten werden, und zum anderen soll bei heißen Temperaturen die Hitze reduziert werden, indem man es so einrichtet, dass die Sonne nur auf das kurze Ende einer Nord-Süd-Anordnung fällt und nicht auf die lange Seite einer Ost-West-Anordnung.

Bei mir ist in Folientunneln immer alles gut gediehen, in beiden Ausrichtungen, im gleichen Garten. Meiner Erfahrung nach ist im Winter das Wachstum in einer Ost-West-Anordnung stärker, und zwar genau aus dem Grund, der gegen diese Anordnung im Sommer spricht – an ihrer langen Seite fängt sie mehr von der tief stehenden Mittagssonne auf als an einem nach Süden gerichteten Ende. Zumindest in Großbritannien gibt es zudem in den meisten Gegenden ganz allgemein zu wenig und zu schwaches Sonnenlicht, als dass Überhitzung ein Problem werden könnte (siehe auch Mythos 15 »Gewächshäuser brauchen einen Kalkanstrich oder Beschattung, bevor die pralle Sommersonne sie zu stark erhitzt«).

Bei der Entscheidung, wo und wie etwas angelegt werden soll, gibt es noch weitere wichtige Gesichtspunkte: Auf einer exponierten Fläche lohnt es sich, die Enden an der vorherrschenden Wind-

richtung zu orientieren, und oft ist auch die Frage der Zugänglichkeit entscheidend, da es ratsam ist, Zugänge so nah wie möglich
beim Garteneingang und auch in der Nähe von Regentonnen und
Schläuchen zu positionieren.

»Hochbeete brauchen hölzerne Seitenwände«
~ TEILWEISE RICHTIG ~

Auf kleineren Parzellen spricht einiges für Seitenwände aus Holz,
um die Beete klar abzugrenzen; auf größeren Grundstücken dagegen können Beete an der Seite offen bleiben und die Grenze zwischen Beet und dem Wegniveau weniger klar definiert sein (siehe
auch den nächsten Mythos). Auf diese Weise wird Feuchtigkeit
erhalten, besonders dann, wenn auf den Wegen etwas Kompost
liegt; so haben die Beete weniger Kantenfläche, aus der Wasser verdunsten kann; außerdem werden die Schädlinge reduziert. Hölzer-
ne Seitenwände begünstigen nämlich normalerweise eine Anreicherung mit Schnecken, Asseln und Ameisen. Beim Vergleich des
Wachstums der gleichen Gemüsesorten in Beeten mit Holzwänden
und Beeten ohne Wände habe ich diesen Unterschied ganz eindeu-
tig feststellen können.

Holzwände können außerdem unvorhergesehene Probleme
auslösen: In einem bestimmten nassen Sommer waren zum Beispiel meine Sellerieknollen in einem Beet mit offenen Seiten zu
95 Prozent einwandfrei, während nebenan, in Beeten mit Holzwänden, die Knollen zwar bei der Ernte im November
gut aussahen, aber voller von Asseln gefressener Löcher

waren. Die Bretter waren sechs Jahre altes Weichholz, schon leicht vermodert, und boten diesen Insekten hordenweise Unterschlupf: Die Verwüstungen, die sie an Pflanzen anrichten, sind oft weniger sichtbar als bei Schnecken, können aber dramatisch sein. Deshalb meine Empfehlung: Wägen Sie alle Optionen ab, bevor Sie einen hölzernen Rand um Ihre Beete bauen. So können Sie nicht nur Geld sparen, sondern auch Schwierigkeiten vermeiden.

»Wege müssen mit Material abgedeckt werden, das Unkraut unterdrückt«

~ TEILWEISE RICHTIG ~

Wege müssen auf jeden Fall frei von Unkraut sein, und *anfangs* gibt es oft eine Phase, in der etwa ein Jahr lang Mulchen gegen Unkraut notwendig ist. Wenn der Boden bereits voll Unkraut ist, dann bietet sich dicke Pappe als ein brauchbares Material an, um die Wege unkrautfrei zu machen, gelegentlich mit etwas Kompost, Holzspänen oder Sägemehl darübergestreut, sodass man bei nassem Wetter auf den Wegen gehen kann, ohne Löcher in die Pappe zu treten. Oft wird nach zwei oder drei Monaten eine zweite Schicht Pappe notwendig. Ist der Boden auf den Wegen dann unkrautfrei, können Sie etwas Kompost als Mulch verwenden – weiter nichts.

Seien Sie vorsichtig mit Material, das den Schnecken Unterschlupf gewährt – also Teppichboden, Stroh und Rinde; und vergessen Sie nicht, weiterhin zu jäten, selbst wenn Sie die Wege mit Plastikhaut bedeckt haben: Zupfen Sie einfach jedes Unkraut aus, das Sie finden, bevor es durch das Material hindurch Wurzeln schlagen kann. Es ist ratsam, Wege so schmal wie möglich zu halten. Meiner Meinung nach sind 45 Zentimeter für die Zugänglichkeit ausreichend, und man hat weniger Instandhaltungsaufwand als bei breiteren Wegen. Wenn die Beete an den Seiten offen sind, treiben die Gemüsepflanzen viele Wurzeln in die Wege hinein, und die kleinen Mengen Gartenerde, die von den Beeten herunterfallen oder von Vögeln beim Graben nach Würmern aufgeworfen werden, tragen dazu bei, dass die Wege immer wasserdurchlässig und angenehm zu begehen sind.

Kapitel V

Einjährige Gemüsepflanzen

Von den Mythen, die bestimmte Gemüsesorten zum Gegenstand haben, befassen sich eine ganze Reihe mit Tomaten und Wurzelgemüse, und es ist faszinierend zu sehen, wie viele der Grundsätze, die man immer wieder zu hören bekommt, gar nicht zielführend sind. Das Ergebnis: mehr Arbeit und weniger Ernteertrag.

TOMATEN

»Tomaten müssen mit Flüssigdünger versorgt werden«
~ TEILWEISE RICHTIG ~

Für Tomaten, die in Behältern und Pflanzbeuteln gezogen werden, trifft das in der Tat zu, nicht aber für solche, die im Boden selber in gesunder Erde angebaut werden, wo die Pflanzen tiefer und großflächiger wurzeln können und auf diese Weise an die Nahrung kommen, die sie brauchen. Die Empfehlung basiert zudem auf einer eher synthetischen als biologischen Vorstellung von Ernährung, die davon ausgeht, dass Erde, was die Speicherung von Nährstoffen betrifft, ein inertes Substrat ist. Dies ist an sich nicht falsch, aber die einzelnen Nährstoffe machen nur einen Teil dessen aus, was gesundes Wachstum generiert. So spielt zum Beispiel Kaliumcarbonat (Pottasche) eine wichtige Rolle, wenn die Früchte gut wachsen und reichlich gedeihen sollen, aber nur unter der Voraussetzung, dass andere Elemente dazu im richtigen Gleichgewicht stehen. Wenn man synthetischen Dünger einbringt, geht man das Risiko ein, dass sich dieses Gleichgewicht der Nährstoffe verschiebt.

Meine Tomaten gedeihen üppig in Erde, die mit Kompost bedeckt ist, ohne Flüssigdünger: Qualität und Geschmack sind gut, und ich habe weniger Arbeit! Nachdüngen im Sommer kann zu einer lästigen Pflicht werden; man sollte dies am besten den Pflanzen in Behältern und Pflanzbeuteln mit beschränkter Wurzelreichweite vorbehalten; hier kann man mit pflanzenbasiertem Dünger, etwa aus Brennnesselblättern und Beinwell, Geld sparen und ausgeglichenes Wachstum fördern.

»*Das Entfernen sämtlicher Blätter im Spätsommer fördert die Reifung der Tomaten*«

~ FALSCH ~

Eine Gärtnerin wollte einmal Anfang Oktober von mir wissen, warum ihre Tomaten so langweilig schmeckten und in der Konsistenz so mehlig waren – dann stellte sich heraus, dass sie Empfehlungen aus dem Fernsehen gefolgt war, alle Blätter zu entfernen, um den

Reifeprozess der Frucht zu fördern. Dahinter steckt offenbar der Gedanke »Sonnenlicht auf Frucht fördert Reifung«. Nun kann Sonnenlicht auf der Frucht sehr wohl die Farbe intensivieren (so wie bei Trauben – siehe S. 20), aber was es nicht entwickeln kann, das sind der volle Geschmack, die Süße und die Beschaffenheit, die man sich von einer reifen Frucht wünscht. Pflanzen brauchen Blätter für die Photosynthese, die Umwandlung von Sonnenenergie in Zucker und andere Verbindungen, die die Früchte beim Reifungsprozess benötigen. (Eine Untersuchung zu den photosynthetischen Aktivitäten in pflanzlichem Gewebe und der Fruchtschicht von reifenden Tomaten ergab, dass die Blätter für 71 Prozent der Photosynthese verantwortlich sind, das Stängelgewebe für vierzehn und die grüne Frucht für fünfzehn Prozent.)

Ein guter Ansatz ist der, immer nur die unteren Blätter zu entfernen, unterhalb der untersten Fruchtrispe, um die Durchlüftung zu verbessern und den Mehltau in Schach zu halten, alle anderen Blätter aber zu belassen. Sie können den Reifeprozess der Tomaten fördern, indem Sie im Hochsommer den Wachstumspunkt am Hauptstamm der Pflanze entfernen, in den letzten sechs Wochen weniger gießen und eventuelle neue Seitentriebe ausgeizen – all diese Maßnahmen regen die Pflanze an, ihre Energie in das Verdicken und Reifen der bereits vorhandenen Früchte zu stecken und nicht in die Produktion neuer Blätter und Früchte.

»Veredelte Tomatenpflanzen sind den höheren Preis wert,
wegen des größeren Ernteertrags«

~ FALSCH ~

Die Erträge von veredelten Pflanzen sind manchmal, aber nicht immer ergiebiger, und angesichts des Preises von rund 3 bis 4 Euro pro Stück haben Sie wahrscheinlich mehr davon, wenn Sie das Geld für zusätzlichen Kompost verwenden. Das Magazin *Which? Gardening* führte im Jahr 2012 einen Test zu veredelten und nichtveredelten Tomatenpflanzen durch und kam im Aprilheft 2013 zu dem Schluss, dass die kleine Zunahme bei der Ernte, rund zehn Prozent, die beträchtlichen Mehrkosten nicht rechtfertigt. (In einigen Fällen konstatierte man jedoch eine gute Fruchtzunahme, mit dem einschränkenden Vermerk, dass der Veredelungsprozess das Pflanzenwachstum im Frühling hemmt und die Ernte etwas verzögern kann.)

Um mehr zu erfahren, zog ich drei Stück veredelte »Sweet Million«-Tomaten neben nichtveredelten Exemplaren. Die veredelten Pflanzen wuchsen mit außergewöhnlicher Kraft, während die nichtveredelten kleiner und leicht gelblich waren und im Vergleich nicht so gesund aussahen, vermutlich weil Bodenschädlinge an ihren Wurzeln nagten. Trotzdem erntete ich von den nichtveredelten Pflanzen die Früchte früher, und über die ganze Saison hin gesehen, trugen sie mehr, während die sehr guten Tomaten an den Rispen der veredelten Pflanzen mehr Zeit zum Reifen brauchten – vielleicht weil die Stressauslöser fehlten, d. h. ebendie Schädlinge, gegen deren Befall sie gezüchtet wurden.

*»Gurken und Tomaten kann man nicht
zusammen anbauen«*

~ FALSCH ~

Dieser Mythos ist vielleicht in großen Gärten entstanden, in deren Gewächshäusern reichlich Platz vorhanden war, um die beiden Gemüsesorten getrennt anzubauen, da sie in der Tat etwas unterschiedliche Anbauweisen bevorzugen. Trotzdem können sie auf jeden Fall zusammen angebaut werden. Ich ziehe sie immer im selben Folientunnel, weil ich nicht den Platz habe, sie getrennt zu pflanzen. Gurken mögen feuchte Luft, und Tomaten mögen trockene Luft, aber eine durchschnittliche Luft ist für beide in Ordnung!

Sorgen Sie einfach dafür, dass die Durchlüftung bei heißem Wetter ausreichend ist und dass Ihre Gurkenpflanzen um die Wurzeln herum genügend Feuchtigkeit haben: An wirklich heißen Tagen freuen sie sich in der Mittagszeit über ein paar Tropfen Wasser auf den Blättern, damit sie in der prallen Sonne feucht bleiben können (vgl. Mythos 14 »Gießen bei praller Sonne schädigt die Blätter«). Tomaten sollten normalerweise kein Wasser auf die Blätter bekommen, außer wenn es darum geht, Blattläuse abzuwaschen – vor allem im Frühsommer. In feuchten Sommern und ab der Sommermitte sollten Sie Tomatenblätter so trocken wie möglich halten, um die Mehltaugefahr zu reduzieren; gießen Sie die Pflanzen also nur unten in Bodennähe.

WURZELGEMÜSE

»Wurzelgemüse stellen einen Teil der Fruchtfolge dar«

~ FALSCH ~

Der Begriff »Wurzelgemüse« ist irreführend, da er Pflanzen aus vielen Familien umfasst, deren Wurzeln alles Mögliche sind, von verdickten Stängeln (zum Beispiel Kohlrabi) über Wurzelknollen (zum Beispiel Kartoffeln) bis zu verdickten Speicherorganen oberhalb des Hauptwurzelsystems der Pflanze (zum Beispiel Karotten, Pastinaken und so weiter). All diese Gewächse werden unter der Kategorie Wurzelgemüse zusammengefasst; da sie aber aus verschiedenen Familien stammen, wachsen sie alle auf völlig unterschiedliche Weise, mit unterschiedlichen Problemstellungen, was Schädlinge und Krankheiten betrifft. Daraus folgt, dass jede dieser Gruppen von Wurzelgemüse, wenn es um die Ausarbeitung einer Fruchtfolge geht – falls Sie eine solche anwenden –, seperat behandelt werden muss (vgl. Mythos 16).

»Überdüngte Zwiebeln haben fast nur Blätter und keine Wurzeln«

~ TEILWEISE RICHTIG ~

Alle Pflanzen brauchen Blätter, um ihre Wurzeln zu ernähren; worum es hier eigentlich geht, ist das Gleichgewicht. Es kann vorkommen, dass Erde mit zu viel frischem Dung oder zu viel Stick-

stoffdünger Zwiebeln mit mehr Blättern als
Wurzeln hervorbringt; aber alle Pflanzen bringen höhere Erträge, wenn der Boden mit reifem
Kompost und Dung angereichert ist. Jeder Ring
der Zwiebelknollen stammt von einem Blatt; größere
Blätter erzeugen größere Ringe. Fruchtbarer Boden erzeugt also
größere Zwiebeln.

29

»Wurzeln der Roten Beete verdicken sich unter der Erde«

~ TEILWEISE RICHTIG ~

Wenn ich in meinen Gartenbaukursen unterrichte und zusammen mit den Teilnehmerinnen und Teilnehmern Rote Beete be-
trachte, wie sie über der Erdoberfläche wachsen und dick werden, dann kommt ganz oft die gleiche Frage: »Das ist doch Wurzelgemüse, warum sind die nicht unter der Erde?« Die Antwort
lautet, dass die Rüben, die wir essen, eben Verdickungen oberhalb des Hauptwurzelsystems sind, und abgesehen von einer Variante namens »Cheltenham Green Top«, die wie eine fette Karotte
in den Boden hineinwächst, verdicken sie sich meist über der Erde –
so wie Kohlrüben, Sellerie, viele Sorten von Steckrüben und Rettich und auch Zwiebeln und Kohlrabi. Dies hat auch zur Folge,
dass sich die Farbe des oberirdischen Teils verändert; in den meisten Fällen hat das aber keinen Einfluss auf den Geschmack und
ist auch kein Hinweis darauf, dass der Verzehr schädlich ist (siehe
Infokasten).

FARBVERÄNDERUNGEN VON WURZELGEMÜSE UNTER EINFLUSS VON LICHT

Jeder Teil einer Pflanze, der dem Licht ausgesetzt ist, fängt an, Photosynthese zu betreiben, und daraus ergibt sich eine Veränderung der Farbe, da der bestehenden Farbe mehr Grün – das Pigment Chlorophyll – hinzugefügt wird. Wenn Sie eine Rote Beete genau betrachten, werden Sie erkennen, dass der oberirdische Teil brauner ist als der unterirdische Teil, der ein helleres Rot aufweist. Rot und Grün zusammen ergeben nämlich Braun – es handelt sich hier um keine giftige oder geschmacksmindernde Veränderung. Karotten entwickeln bei Tageslicht grüne Schultern, wenn sie nicht mit Erde bedeckt sind. Auch hier wieder bedeutet das nicht, dass der Verzehr schädlich ist, auch wenn sie im Geschmack dadurch leicht bitter werden. Auch Steckrübenwurzeln werden oben leicht grün, wenn sie dem Licht ausgesetzt sind, dies ist aber dem Geschmack nicht abträglich. Auf Kartoffelknollen jedoch führt Licht zur Entstehung von Solanin direkt unter der Schale, und das ist giftig; also müssen vor dem Kochen alle grünen Stellen von Kartoffeln weggeschnitten werden.

»Kartoffeln wachsen nicht richtig, wenn der Boden nicht umgegraben ist«

~ FALSCH ~

Hier werden Kartoffelwurzeln und -knollen durcheinandergebracht. Kartoffelpflanzen können sehr gut in ungestörtem Boden wurzeln, wie ich jedes Jahr auf meinem Lehmboden beobachten kann; sie brauchen aber lockere Erde oder Kompost, in dem die Knollen dick werden können, sowie genügend Erde darüber, damit die Kartoffeln weiß bleiben, wenn die Knollen sich nach oben schieben (daher kommt der Begriff »anhäufeln«). Für Knollen von angemessener Größe braucht man eine etwa zehn Zentimeter tiefe Schicht lockere Erde oder Kompost über dem ungestörten Boden, die auch mit frischerem Dung, Pappe, Grasschnitt, alten Blättern, schwarzer Plastikfolie oder was auch immer sonst die Knollen gegen das Licht schützt, abgedeckt werden kann.

»Kartoffeln befreien die Erde von Unkraut«

~ TEILWEISE RICHTIG ~

Für jemanden, der gerade erst mit dem Kartoffelanbau anfängt, ist diese Feststellung irreführend, da sie nicht erkennen lässt, wie viel Arbeit und Können dazugehört, um den Boden vor und während des Kartoffelanbaus zu pflegen. Die Bekämpfung von Unkraut wird im Wesentlichen durch Bodenbearbeitung oder die Anwendung von Mulchen geleistet. Wenn man zum Beispiel die Erde zum

Anhäufeln rund um die Kartoffelpflanzen zusammenschiebt, ist das eine wirksame Methode, um eine Menge Unkraut und Unkrautsämlinge einzugraben. Eine Alternative zum Anhäufeln ist die Methode, Kartoffeln unter Mulch aus einer beliebigen Kombination von Materialien zu ziehen, wie etwa Dung oder Stroh (siehe Mythos 30), was das Wachstum mehrjähriger Unkräuter ebenfalls reduziert. Abgesehen davon ist es richtig, dass dann, wenn die Kartoffelpflanzen erst einmal kräftig wachsen, ihre Blätter für eine eigene dicke, lichtabwehrende Abdeckung sorgen, solange sie gesund und frei von Mehltau sind.

Dieser Mythos erinnert an die Behauptung »Schweine machen die Erde sauber«: Auch in diesem Fall wird etwas Wichtiges nicht erwähnt, dass die Schweine nämlich nicht alles mit der Wurzel ausreißen, sodass Ampfer und Brombeergestrüpp übrig bleiben und besonders kräftig wachsen. Bei feuchtem Wetter können sie außerdem durch ihr Wühlen die Bodenstruktur gründlich verderben!

ANDERE GEMÜSE UND SALATE

*»Salat ist sehr pH-empfindlich und braucht einen
pH-Wert von 6,5 bis 6,8«*

~ FALSCH ~

Diese Behauptung fand ich auf der Webseite eines biologischen
Erzeugers, der großartigen Salat anbaut; Bemerkungen dieser Art
sind aber geeignet, bei Gärtnern unnötige Besorgnis hervor-
zurufen, dass sie die Bedürfnisse bestimmter Pflanzen nicht
abdecken können, und ihnen womöglich die Lust am Anbau von – in diesem Fall – Salat zu nehmen.

Ich weiß aus Erfahrung, dass diese Empfehlung
nicht zutreffend ist. Ich habe immer erfolgreich Salat
angebaut, in unterschiedlichen Gärten, wobei sich
der pH-Wert im Bereich von 6,4 bis 8,3 bewegte. Ich
baue Salat auch auf vielerlei unterschiedlichen Kombi-
nationen von Kompost, altem Dung und Erde an, wobei
der pH-Wert immer ganz unterschiedlich ist.

Seien Sie bei Gartenratschlägen mit genauen Zahlenangaben
vorsichtig; es gibt beim Anbau von Pflanzen ja so viele Variablen,
dass oft falsche Empfehlungen herauskommen, wenn man eine
davon isoliert betrachtet und die anderen alle ignoriert.

33

*»Man muss Salat alle zwei bis drei Wochen säen,
um durchgehend ernten zu können«*

~ FALSCH ~

Dieser Mythos ist eher irreführend als falsch, da er davon ausgeht, dass Sie Salat als Salatherzen ernten. Wenn Sie stattdessen Salatblätter ernten, können die Abstände zwischen neuen Aussaaten sich auf zwei bis drei Monate anstatt auf zwei bis drei Wochen verlängern. Pflanzen Sie den Salat im Abstand von 22 Zentimetern, und schneiden Sie ihn oben nie quer mit dem Messer ab; so werden die kleinen Blätter in der Mitte nicht beschädigt und können schneller wachsen. Pflücken Sie nur die äußeren Blätter ab, mit Zeigefinger und Daumen, und dies regelmäßig, dann können die Pflanzen im Frühling weiterhin bis zu zwölf Wochen neue Blätter produzieren, bis der Salat schießt und einen Blütenstand bildet.

Ich produziere Salat ohne Unterbrechung von Ende April bis Oktober, mit nur zwei Aussaaten: die erste im Februar oder März und die zweite im Juni. Mit dieser Methode produziere ich seit über zehn Jahren abgepackte Salate und lege den Schwerpunkt dabei auf sorgfältiges Pflücken und nicht auf häufiges Säen. Für das Ernten von Salatblättern benutze ich nie ein Messer (nicht »Schneiden und nachwachsen lassen«, sondern »Pflücken und nachwachsen lassen«.) Wollen Sie das ganze Jahr hindurch ernten, brauchen Sie einen an organischem Material reichen Boden, damit die Pflanzen gesund bleiben; säen Sie in Module, und zwar im Spätwinter, Frühsommer, Mittsommer und Frühherbst, mit etwas Schutz für die letzte Aussaat über den Winter – mehr gegen Wind als gegen Frost.

»Wenn man Lauch pflanzt, soll man ihn wässern, aber das mit dem Pflanzholz gestochene Loch von Erde freihalten«

~ FALSCH ~

Es gibt keine befriedigende Erklärung dafür, warum diese Methode empfohlen wird. Vielleicht nimmt man an, dass Lauchpflanzen ein leeres Loch brauchen, um sich verdicken zu können. So hörte ich es von meiner Mutter, und sie ließ sich von der Notwendigkeit dieser Maßnahme nicht abbringen. Wenn man allerdings neue Pflanzen auf diese Weise wässert, kann das meiner Erfahrung nach vor allem bei trockenem Wetter dazu führen, dass sie aus dem gestochenen Loch herausgeschwemmt werden. Der gesunde Menschenverstand sagt einem zudem, dass Wurzeln leichter feucht bleiben, wenn beim Pflanzen etwas Erde ins Loch gefüllt wird; so habe ich es immer gehalten, und meine Lauchernten waren gut.

Ein damit verknüpfter Mythos besagt »Lauch muss tief gepflanzt werden«; das hängt aber hauptsächlich davon ab, was Sie gerne essen möchten. Wenn Sie die Lauchstangen gerne weiß und besonders süß mögen, dann ist das richtig; wenn Sie aber auch mit blassgrünen Stangen zufrieden sind, können Sie Lauch wie anderes Gemüse auf Oberflächenniveau pflanzen, wobei die Stangen fast vollständig aus der Erde ragen. Bei kalten Klimaverhältnissen jedoch pflanzt man Lauch für die Winter- und Frühjahrsernte tatsächlich besser in tiefe Löcher oder aufgehäufelt, damit die Stangen dem Frost nicht so stark ausgesetzt sind; gegenüber extremer Kälte sind die Stangen empfindlicher als die Blätter.

*»Warten Sie mit der Knoblauchernte,
bis alle Blätter gelb geworden sind«*

~ FALSCH ~

Diese Empfehlung bedeutet, die Knoblauchknollen im Spätsommer zu ernten, wenn die Außenhaut oft schon anfängt, sich aufzulösen und sich vorzubereiten auf den herannahenden Zeitpunkt im Herbst, wenn die Zehen wieder zu wachsen beginnen. Wenn man also Knoblauch haben will, der sich gut lagern lässt, erntet man am besten, wenn die Blätter noch halb grün sind – normalerweise im Lauf des Monats, der auf den Mittsommertag folgt, je nach Sorte, Datum der Aussaat und dem Wetter im Frühling. Die Reife wird beim Knoblauch vor allem durch die Tageslänge reguliert, wobei neues Wachstum fast ganz aufhört, wenn der längste Tag eintritt, wenn auch bei manchen Sorten die Knollen noch einen Monat länger dicker werden.

Kratzen Sie kurz nach der Sommersonnenwende etwas Erde weg, um zu prüfen, ob die Knollen dick und bereits in Zehen aufgeteilt sind. Sobald dies der Fall ist, können Sie sie mit einer Handschaufel herausheben, die Wurzeln abschneiden (das geht jetzt leichter, als wenn die Wurzeln zäh und trocken geworden sind) und sie zum Trocknen aufhängen. Wenn man früher erntet, lassen sich die Knollen nicht nur besser lagern, sondern sehen auch hübscher aus, und obendrein haben Sie mehr Zeit, um an der frei gewordenen Stelle ein weiteres Gemüse anzupflanzen.

»*Rucola ist Rucola*«

~ FALSCH ~

Hier handelt es sich um ein Verwechseln von Wörtern, weil *Rauke* und *Wilde Rauke* (auch »Schmalblättriger Doppelsame« oder »Feinblättriger Doppelsame«), die inzwischen beide meistens mit dem italienischstämmigen Wort ›Rucola‹ bezeichnet werden, zwei unterschiedliche Gemüsesorten sind, die man am besten auf unterschiedliche Weise anbaut und pflückt. Rauke *(Eruca sativa)* ist ein- bis zweijährig; sie wird am besten im Spätsommer gesät, sodass man vom Herbst bis in den Vorfrühling reichlich Blätter zum Pflücken hat, bevor im Frühling die Pflanzen dann blühen. Sät man im Frühling, gibt es nur eine kleine Ernte, bevor die Pflanzen Blütenstände bildet.

Die Wilde Rauke dagegen (*Diplotaxis tenuifolia*, auch »Schmalblättriger Doppelsame« oder »Feinblättriger Doppelsame«) ist tatsächlich mehrjährig und wächst langsamer aus winzigen Samen, wird also am besten Mitte des Sommers gesät, damit man im Herbst ein paar Blätter bekommt, bevor er den Winter über ruht. Dann erwachen im Frühling seine Wurzeln wieder und treiben zwei oder drei Monate lang zahlreiche neue Blätter; sie liefern kräftigen Rucolageschmack für entsprechende Gerichte, lange nachdem die Rauke geschossen ist. Die wilde Rauke schießt im Sommer. Sie sät sich selber reichlich aus; schneidet man aber die blühenden Pflanzen nach der Blüte bis auf das Stängelende zurück, zeigt sich im Frühherbst neues Wachstum.

37

*»Bei der Beseitigung von Hülsenfrüchten (Leguminosen)
nach der letzten Ernte lassen Sie die Wurzeln in der Erde,
zusammen mit all ihren Stickstoffknollen«*

~ SO GUT WIE FALSCH ~

Die Stickstofffixierung geschieht bei den Hülsenfrüchten zum größten Teil während des Wachstums und zum eigenen Gebrauch, sodass nur wenige der düngerhaltigen Knollen übrig bleiben, wenn alle Bohnen und Erbsen geerntet sind. In *Gardeners' Question Time*, einer BBC-Sendung auf Radio 4, stellte Chris Beardshaw die Ergebnisse einer Studie vor, in der gezeigt wurde, dass der Stickstoff, nachdem die Hülsenfrüchte das Blütenstadium erreichen, aus den Knollen in die Pflanzen fließt, sodass nach der Schotenernte gerade einmal drei Prozent des ursprünglich fixierten Stickstoffs an den Wurzeln übrig bleiben. Will man also den Stickstoff im Boden erhöhen, muss man die Stängel der Pflanzen durchschneiden, wenn sie noch alle Blätter haben; das geht aber nicht, wenn man die Schoten ernten will. Wenn es das Ziel ist, der nachfolgenden Ackerfrucht etwas zugutekommen zu lassen, dann können Hülsenfrüchte nur als Gründünger angebaut werden (siehe Mythos 58).

Wenn die Zeit der letzten Ernte gekommen ist, sterben die Pflanzen ab, die Blätter der Erbsen werden gelb vom Schimmel, die Blätter der Ackerbohnen sind zum großen Teil abgefallen und manchmal mit Braunfleckenkrankheit infiziert, die

Stangenbohnen haben das Ende der Saison erreicht. Nichtsdestotrotz können Sie die Stängel am Boden abschneiden, damit die Wurzeln im Boden bleiben. Dies hat den Vorteil, dass der Boden weniger gestört wird und gleichzeitig einige Stickstoffknollen für die nächste Pflanzung verbleiben. Wenn Sie dagegen die Pflanzen vorsichtig herausziehen, sodass die Hauptwurzel intakt bleibt, werden eventuell noch daran hängende Knollen Ihrem Komposthaufen guttun.

38

»Wenn man Chilis und Paprika zusammen anbaut, vermischen sich die Aromen«

~ FALSCH ~

Das Problem, das man hier vermutet, ist Kreuzbestäubung – die in der Tat, hätte sie Auswirkung auf die Früchte, zu einer ziemlichen Vermischung von Aromen führen würde. Obwohl es bei Chilis und Paprika tatsächlich zu Kreuzbestäubung durch Insekten kommt, so wie bei Speisekürbissen und Zucchini, betrifft das nicht die Früchte des ersten Jahres. Das Problem kann überhaupt erst im darauffolgenden Jahr auftreten, falls es zu Kreuzbestäubung gekommen ist und Sie die Samen aus den Früchten für die Zucht neuer Pflanzen verwenden.

**»Entfernt man bei Zuckermaispflanzen alle Seitentriebe,
erhält man größere Kolben«**

~ FALSCH ~

Mir erzählte einmal ein französischer Bauer, dass er in seinem ganzen Maisfeld die Seitentriebe entferne; das schien ein überzeugendes Argument dafür zu sein, dass sich diese Arbeit lohnt. Ich machte das ganz lange so, bis ich von Michael Michauds[*] Erfahrungen hörte; er stellte einen Vergleich zwischen Pflanzen mit und ohne Seitentriebe an, und es stellte sich heraus, dass die Kolben bei allen gleich aussahen.

»Salatsamen keimt bei hohen Temperaturen nicht«

~ TEILWEISE RICHTIG ~

Ich habe Hunderte Male bei Sommerhitze in einem Gewächshaus Salat ausgesät und weiß nun aus Erfahrung: Was man bei Hitze auf alle Fälle vermeiden sollte, das ist Sonnenlicht auf der Anzuchtschale oder der Erde, und jede Art von Sonnenschutz hilft den Samen, selbst bei mittsommerlichen Temperaturen zu keimen.

---

[*] siehe Danksagung

Bäume, Sträucher und mehrjährige Gemüsesorten

Dieses Kapitel zeigt, wie gewisse allseits empfohlene und von allen akzeptierte Gartenbaumethoden, zum Beispiel wie man neue Bäume pflanzen soll und ob sie gestützt werden müssen, an Beliebtheit verlieren, sobald man bessere – und oft auch einfachere – Methoden kennenlernt.

BÄUME UND STRÄUCHER

»Alle neu gepflanzten Bäume sollte man mit Pfählen stützen«

~ FALSCH ~

Es gibt nur ganz bestimmte Situationen, in denen ein Baum mit Pfählen gestützt werden sollte, und selbst dann bezieht sich die Empfehlung meist nur auf große Bäume; bei einem kleinen Baum kann das Anbinden nämlich die Entwicklung der Wurzeln behindern. Trotzdem hört man überall den Rat, ausnahmslos alle Bäume anzubinden – gespeist vielleicht aus dem Wunsch der Gärtner, das Beste für ihre Pflanzen zu tun –, und ich habe schweißtreibende Stunden damit verbracht, neben frisch gepflanzten jungen Obstbäumen Pfähle in die Erde zu treiben. Heute spare ich mir die Mühe ebenso wie die Kosten für die Pfähle. Ein Pfahl kann sich allenfalls dann als notwendig erweisen, wenn Bäume entweder älter als zwei Jahre oder zum Pflanzzeitpunkt voll belaubt sind oder wenn sie an einer besonders windigen oder stark abschüssigen Stelle gepflanzt werden.

Wenn man Bäumen erlaubt, im Wind zu schwanken, fördert dies die Ausbildung stärkerer stabilisierender Wurzeln, während bei mit Pfählen gestützten Bäumen das Risiko besteht, dass sie dann immer auf diese Stütze angewiesen sind. Wenn das Anbinden wirklich unumgänglich ist, dann binden Sie den Stamm locker an den Pfahl, und nehmen Sie sich vor, die Stütze zu entfernen, sobald Sie überzeugt sind, dass der Baum sich selbst aufrecht halten kann. Die folgende Empfehlung aus den »Zehn Geboten des Baumpflanzens« der *Colorado State University* von 2010 bringt das schön auf den Punkt: »Man kann Bäume auch zu fest und zu lange an einen Pfahl binden. Binden Sie keine kleinen Bäume an und auch keine, die nicht an windigen Stellen stehen. Starres Festbinden eines Baumes ist kontraproduktiv; die Forschung zeigt, dass sich Bäume nicht normal entwickeln, wenn sie nicht hin und her schwanken dürfen.«

»Wenn man die für das Baumpflanzen ausgehobenen Löcher auffüllt, soll man organisches Material dazugeben«

~ FALSCH ~

Früher habe ich beim Pflanzen von Bäumen und Sträuchern reichlich organisches Material dazugegeben, gemäß dem Rat, man solle die Erde rund um die Wurzeln in den Pflanzlöchern anreichern. Die Meinung hierzu hat sich allerdings geändert. Heute ist es Konsens, organisches Material auf die Oberfläche zu geben – nur eines von vielen Beispielen dafür, wie irreführende Mythen auf einmal verschwinden können, sobald sich unser Wissensstand erweitert hat. Hier eine Empfehlung der *North Carolina State University* aus dem Jahr 2000:

Es wurde empfohlen, in die Erde, die man zum Auffüllen des Pflanzloches verwendet, organische Substanz einzuarbeiten. Manche Gärtner gingen noch weiter und ersetzten die ausgehobene Erde mit käuflich erworbenem Humus. Die Forschung hat ergeben, dass keine der beiden Methoden das Pflanzenwachstum fördert, in manchen Fällen können sie sogar schädlich sein. Wenn Wasser in Erde von ganz bestimmter Beschaffenheit eindringt und später in Kontakt mit Erde kommt, die eine ganz andere Beschaffenheit hat, dann ist die Wasserbewegung (Entwässerung) behindert ... Einige Wissenschaftler berichten, angereicherte Füllerde könne zur Folge haben, dass die Wurzeln sich auf den Bereich des Pflanzlochs beschränken und nicht in die umgebende Erde hineinwachsen.

Nach meiner Erfahrung wachsen Bäume gut, wenn man sie in ein Loch pflanzt, das gerade so groß ist, dass die Wurzeln Platz haben, dieses dann mit der vorhandenen Erde auffüllt und schließlich oben mit organischem Material abdeckt.

»Das Wachstum der Baumwurzeln folgt dem gleichen Muster wie Stamm und Blätter«

~ FALSCH ~

Sie haben vielleicht schon einmal schöne künstlerische Impressionen von spiegelbildlichem Wachstum gesehen, die den Eindruck vermitteln, als reichten die Wurzeln des Baumes ebenso tief in den Boden wie die Zweige in die Höhe. In Wirklichkeit ist das sehr selten der Fall. Die meisten Baumwurzeln befinden sich ziemlich dicht unter der Erdoberfläche, dort, wo am meisten Feuchtigkeit zu finden ist und die Nährstoffe recycelt werden. Zudem können sie sich in horizontaler Richtung viel weiter ausbreiten als die Krone, ein wichtiger Punkt, der beim Pflanzen von Bäumen zu beachten ist, vor allem dann, wenn man in der Nähe Gemüse anbauen will.

»Frische Schnittverletzungen im Holz sollte man mit ›Schutzmitteln‹ gegen Pilzbefall bestreichen«

~ FALSCH ~

Die Schnittstellen an Bäumen werden nach dem Beschneiden sehr schnell von Pilzsporen besiedelt, von denen nicht alle vorteilhaft sind. Pflanzen oder Bäume reagieren darauf mit ihren eigenen Verteidigungsmechanismen, indem sie gleich zu Anfang den verletzten Bereich isolieren, um die Verbreitung einer eventuellen Infektion zu verhindern. Trägt nun ein Gärtner auf die Schnitte antiseptische Produkte auf, kann dies die Organismen im Baum schädigen und den natürlichen Heilungsprozess verzögern oder stören, etwa dann, wenn in der Wunde Feuchtigkeit eingeschlossen wird, die dann bestimmte Organismen von Pilzfäulnis begünstigt.

Am sichersten ist es, wenn Sie sich auf die Selbstheilungskräfte Ihrer Bäume und Sträucher verlassen. Sie können ihnen helfen, indem Sie scharfe Gartenscheren für saubere Schnitte verwenden und sich vorher erkundigen, was bei den unterschiedlichen Baumtypen die besten Zeiten zum Zurückschneiden sind. Bäume mit »Steinobst« (wie Pflaumen oder Pfirsiche) sind beispielsweise bei frischen Schnitten im Winter anfällig für den Violetten Knorpelschichtpilz; deshalb sollten sie immer im Frühsommer beschnitten werden, wenn ihre rasch fließenden Säfte aus den Wunden sickern und die verletzten Bereiche schnell versiegeln können.

»Beim Pflanzen von Bäumen und Sträuchern sollte man der Erde Knochenmehl beimischen«

~ FALSCH ~

Dieser Mythos leitet sich aus dem Wissen her, dass Phosphor das Wurzelwachstum fördert. Knochenmehl ist in der Tat reich an Phosphor (und Kalzium), aber diese Elemente sind nur in wenigen Böden knapp, und wenn man zu viel Phosphor beigibt, wird die Fähigkeit von Mykorrhizapilzen (siehe nächster Mythos), in die Pflanzenwurzeln einzudringen, verlangsamt. Gibt es zu viel Phosphor, können die Pflanzenwurzeln nicht die Säuren absondern, die es den Mykorrhizapilzen erlauben, sich mit ihnen zu vereinigen. Ironischerweise wirkt sich dies am schädlichsten während der Pflanzzeit aus, wenn die Wurzeln sich besonders anstrengen, um den Pflanzen beim Eingewöhnen und Wachsen in ihrer neuen Umgebung zu helfen.

»Die Zugabe von Mykorrhizapräparaten erleichtert es frisch gepflanzten Bäumen und Sträuchern, sich zu etablieren«

~ TEILWEISE RICHTIG ~

Pilze im Boden, vor allem die langen Fasern der Mykorrhizapilze, sind ein wesentliches Element für gesundes Pflanzenwachstum; sind sie nicht vorhanden, bleiben viele Nährstoffe im Boden möglicherweise inaktiv und für die Pflanzen nicht erreichbar. Bäume und Sträucher sowie die meisten Gemüsesorten wachsen gesünder, wenn sich ihre Wurzeln mit Mykorrhizapilzen in der Erde verbinden können, um besser an Wasser und Nährstoffe zu kommen.

Es gibt allerdings Forschung auf diesem Gebiet, die sich *gegen* die Idee ausspricht, der Erde verpackte Mykorrhizapilze beizugeben, und zwar aus einem klaren und einfachen Grund: Wenn die Erde zu wenig Mykorrhizapilze enthält, dann kommt das daher, dass die Bedingungen dort zurzeit nicht günstig für sie sind. Deshalb ist die Zugabe von Pilzen an die Erde normalerweise Geldverschwendung, auch wenn Ihnen die Anbieter das nicht verraten! Geben Sie Ihr Geld lieber für etwas zusätzliche organische Substanz aus. Was für die Mykorrhizapilze, die meist mit bloßem Auge gar nicht erkennbar sind, ein Problem ist, das sind Mangel an organischer Substanz, Überkultivierung des Bodens, schlechte Entwässerung oder zu viel Dünger, insbesondere Phosphat.

Wenn Sie diese Probleme beheben, schaffen Sie die besten Voraussetzungen für die Mykorrhizapilze in Ihrem eigenen Boden. Sie geben ihnen die Möglichkeit nachzuwachsen, wenn sie vorher zahlenmäßig reduziert wurden, und tun damit etwas für all Ihre Pflanzen – nicht nur für die neu gepflanzten. Auf diese Weise gewinnen Sie auch all die anderen Vorteile des zusätzlichen organischen Materials, wie bessere Speicherung der Feuchtigkeit und Entwässerung; da bringt die Zugabe eines Päckchens mit trockenem Pulver längst nicht so viel.

47

»Aprikosen (und ähnliche Pflanzen) muss man von Hand bestäuben«

~ FAST IMMER FALSCH ~

Handbestäubung ist nur in ungewöhnlichen und besonderen Situationen notwendig, etwa um sicher zu sein, dass eine Blüte vom richtigen Pollen befruchtet worden ist, wenn man Samen aufheben will. Was die Fruchtproduktion betrifft, so wird mangelhafte Bestäubung

meist durch ungünstige Wetterbedingungen verursacht, wie etwa späten Frost, der die Blüten schädigt, oder andauernden schweren Regen zur Blütezeit. Letzterer kann Blüten unwiederbringlich beschädigen, indem er Pollen und Nektar, die für Bestäubung respektive Insektennahrung notwendig sind, auswäscht. Selbst wenn also Insekten an einem der seltenen schönen Tage dann doch ausfliegen, werden sie weniger Pollen herumtragen, ganz einfach weil weniger vorhanden ist.

Das Risiko, dass es nicht genügend bestäubende Insekten gibt, ist für früh blühende Bäume am größten, wie etwa Aprikosen, die schon in Blüte stehen, bevor Insekten in größerer Zahl aufgetaucht sind. Trotzdem habe ich festgestellt, dass die Blüten bei normalen Wetterbedingungen gut Früchte entwickeln, ganz ohne meine Hilfe – eigentlich ist es häufiger der Fall, dass ich Früchte ausdünnen muss, als dass ich Sorge habe, es könnte nicht reichen. Dieser Mythos mit der Handbestäubung wird auch oft auf Tomaten bezogen. In diesem Fall kommt das zum Teil daher, dass Tomaten in Gewächshäusern oder Folientunneln gezogen werden, in die Insekten vielleicht nicht so leicht hineinfinden – aber auch hier muss ich sagen, dass ich damit nie Probleme hatte.

MEHRJÄHRIGE GEMÜSESORTEN

*»Mehrjährige Gemüse anzubauen ist ebenso ertragreich
und dabei einfacher, als einjährige
oder zweijährige Gemüse zu ziehen«*

~ TEILWEISE RICHTIG ~

In gewissen Kreisen wird diese Behauptung heiß diskutiert; eigentlich geht es dabei um das Naturell der Gärtnerin oder des Gärtners und darum, wie viel Zeit sie oder er zur Verfügung hat. So bekommt man zum Beispiel rasche Renditen und höchste Erträge zu allen Jahreszeiten im Allgemeinen durch jährliche Aussaaten; für deren Pflege muss man allerdings mehr Zeit aufwenden als für mehrjährigen Anbau. Es hängt also davon ab, wie Sie die Gartenarbeit gestalten möchten, und es lohnt sich, beide Methoden zu studieren, um die Gewichte richtig zu verteilen. Mehrjährige Gemüsesorten liefern im Frühling, während der Phase, in der es wenig frisches Gemüse gibt, eine reiche Ernte; die jährliche Aussaat dagegen liefert mehr Erträge zu anderen Zeiten, vor allem aus Sommerobst und Wintergemüse wie etwa Pastinaken, Zwiebeln, Speisekürbis, Kohlrüben und Rote Beete.

In der Debatte gibt es auch Grauzonen, wie zum Beispiel die Frage, ob man Kartoffeln und Knoblauch als mehrjähriges Gemüse ansehen kann (dahinter steckt der Gedanke, dass man ein paar Exemplare nicht erntet, sondern am Ort belässt, damit sie neu austreiben, und sie also nicht selber neu pflanzen muss). In diesem Fall hängt es davon ab, ob Sie auch ohne Fruchtwechsel gut zurechtkommen (siehe Mythos 16) und ob Sie beispielsweise das Risiko von Kartoffelfäule eingehen wollen, das sich ergibt, wenn Sie Knollen in der Erde lassen. Ein weiterer Faktor ist das Wetter; ein frostiger Winter kann nämlich die Kartoffelknollen vernichten, während sie nach einem milden Winter neu austreiben können. Das ist übrigens das Gleiche wie bei Stangenbohnen (siehe nächster Mythos) und Dahlien in Ziergärten.

»Stangenbohnen, Paprika und Tomaten sind mehrjährige Pflanzen«

~ RICHTIG, ABER IRREFÜHREND ~

Diese Feststellung ist in der Tat richtig, führt allerdings in die Irre, wenn man die klimatischen Einschränkungen bei diesen Pflanzen nicht kennt. Mehrjährige Gemüsesorten treten in zwei Spielarten auf: Sie treiben entweder jedes Frühjahr neu aus, aus bestehenden Wurzeln oder Knollen, die ausreichend Energie gespeichert haben, oder sie überleben den Winter als kleinere Pflanzen in einer Ruhephase. In beiden Fällen variiert der Erfolg mit dem Klima und hängt von der Strenge des Winters ab. Ist die Kälte groß genug, um Wurzeln, Knollen oder Stängel zu vernichten, wird aus dem, was in einer Klimazone eine mehrjährige Pflanze ist, in einer anderen Zone eine einjährige. Stangenbohnen sind nur so lange mehrjährig, wie ihre knolligen Wurzen im Winter nicht erfroren sind; also müsste man sie fast überall in Mitteleuropa vor dem Winter ausgraben und im Frühling wieder einsetzen. Paprikasorten (einschließlich Chili) und Tomaten brauchen viel Schutz, wenn sie den Winter (als stark beschnittene und ungesund aussehende Pflanzen) in gemäßigten Zonen überstehen sollen. Deshalb ist es zumindest in Mitteleuropa bei all diesen Gemüsesorten einfacher, im Frühjahr mit einer neuen Aussaat zu beginnen.

»Echten Meerkohl und Rhabarber muss man vorziehen, wenn man optimale Ergebnisse haben will«

~ FALSCH ~

Damit soll nicht gesagt sein, dass das Vorziehen an sich eine schlechte Idee ist, sondern nur, dass man mit dieser Behauptung den falschen Eindruck erwecken könnte, das Vorziehen sei in jedem Fall erforderlich – und ohne zu erwähnen, dass es die Pflanzen schwächt. Die Entscheidung liegt bei Ihnen: entweder Pflanzen vorzuziehen, um süßere und längere Stängel zu erhalten, die oft auch früher kommen, oder Rhabarber und Echten Meerkohl ohne Vorziehen zu genießen und so den Wurzeln der Pflanzen weniger zuzumuten. Das Vorziehen einer Pflanze – das heißt, dass sämtliche Blätter, normalerweise mithilfe von Töpfen, gegen Licht geschützt werden – bewirkt, dass Stängel und Blätter bleicher und süßer im Geschmack werden; es bedeutet aber auch, dass die Blätter keine Photosynthese durchführen können und die Wurzeln deshalb so lange ohne Nahrung bleiben, wie der Vorgang des Vorziehens andauert. Nach der Ernte und nachdem der Topf entfernt worden ist, braucht die Pflanze möglicherweise ein ganzes Jahr normalen Wachstums, um sich davon zu erholen.

Mir fiel diese Schwäche auf, nachdem ich Echten Meerkohl einen Monat lang vorgezogen hatte, in der festen Überzeugung, das müsse man so machen; ich hatte noch nirgends einen Hinweis darauf gelesen, dass man Meerkohl auch ohne Vorziehen anbauen und essen kann. Heute lasse ich also meine Pflanzen im vollen Licht wachsen und ernte regelmäßig die kürzeren grüneren Blätter, die köstlich und auch ergiebiger sind als die vorgezogenen. Was Rhabarber betrifft, so würde ich hier nur dann vorziehen, wenn genügend Pflanzen vorhanden sind, sodass reduziertes Wachstum im Folgejahr nicht ins Gewicht fällt. Wenn der Winter kalt ist und Sie eine frühere Ernte wünschen, dann graben Sie am besten im Herbst eine Wurzel als Ganzes aus und lassen sie zugedeckt in Dunkelheit und Wärme wachsen, wie das die Rhabarbererzeuger in kommerziellen Treibkästen machen.

Zugabe von Dünger und Dung

Bei diesem Thema können wir sehen, wie viel Mythen mit unpräziser Sprache zu tun haben. Was verstehen wir zum Beispiel unter »Dung« und »Dünger« genau? Unklarheit besteht auch darüber, warum wir unsere Gärten überhaupt düngen. Wenn man die unausgesprochenen Vermutungen bei dem Thema und die Bedeutung der Begriffe klarstellt, tut man sich mit der Pflanzenernährung leichter.

»Pflanzen in gesundem Boden profitieren von ergänzender Düngung und Nährstoffzugabe«

~ FALSCH ~

Diese Überzeugung hat starke Wurzeln, aber in Erde gründen diese nicht! Wenn ich zum Beispiel Bilder von dem üppigen Wachstum in meinem Garten zeige und dazu klipp und klar sage, dass ich dem Boden nichts weiter beigegeben habe als Kompost für die Pflanzenernährung, werde ich trotzdem gefragt, ob ich Düngemittel verwendet habe und welche das sind. Seit der Erfindung der synthetischen Düngemittel hat das Konzept der Pflanzennahrung das Konzept der Bodennahrung in den Hintergrund gedrängt. Wenn man den Akzent auf die Ernährung der Pflanzen setzt, bedeutet das, dass man den Boden in erster Linie als eine Art »Sparkonto« betrachtet für Nährstoffe, die aus Packungen und Flaschen kommen.

Sollten Sie wenig Gelegenheit haben, an Kompost und Dung heranzukommen, dann könnte eine ergänzende Zuführung von Nährstoffen kurzfristig hilfreich sein. Ich würde aber darüber hinaus empfehlen, Kompost zu kaufen, wegen der vielen anderen Eigenschaften, die dieser besitzt, wie Speicherung von Feuchtigkeit und Verbesserung der Bodenstruktur. Zusätzliche Zuführung von Nährstoffen lohnt sich nur bei Pflanzen, die in Töpfen und Pflanzbeuteln gezogen werden, wegen der eingeschränkten Wurzelreichweite; Tomaten in Folientunneln, die in offener Erde wurzeln, habe ich dagegen nie Nährstoffe gegeben, und die Erträge waren immer gut, da die Pflanzen sich aus der Kompostschicht, mit der ich die Oberfläche vor dem Pflanzen abgedeckt hatte, genügend Nahrung holen konnten. Diese Erde ist zudem immer noch so reich an wertvollen Inhaltsstoffen, dass man danach noch reichlich Wintersalate pflanzen kann, die vom Herbst bis zum Frühjahr hindurch gezogen werden.

»Unterschiedliche Pflanzen brauchen unterschiedliche Ansätze bei der Düngung mit Dung«

~ TEILWEISE RICHTIG ~

Dieser Mythos und andere damit verwandte Vorstellungen sind aus der Tatsache entstanden, dass man zwei zutiefst unterschiedliche Methoden der Wachstumsförderung durcheinanderbringt: die Verwendung von synthetischen Düngemitteln und die Anwendung von Kompost und Dung.

Die Methode, den Boden für unterschiedliche Pflanzen unterschiedlich zu düngen, hat sich überall verbreitet, weil der künstliche, wasserlösliche Dünger so leicht und schnell zu verteilen ist, wobei die Anwendung auf die vermeintlichen Bedürfnisse jeder Pflanze zugeschnitten wird, entsprechend der Jahreszeit und dem Wetter, mit dem man rechnet.

Biologisches Gärtnern geht einen anderen Weg: Man gibt dem *Boden* Nahrung, nicht der Pflanze. Dies verlangt mehr Aufwand (beim Umgang mit Kompost und Dung), macht den Gartenbau aber viel, viel einfacher und viel schöner, mit mehr Freiheit, Anbauideen zu verändern, sollten Wetter, Samenqualität oder Bodenbedingungen einen neuen Plan erforderlich machen. Das kommt daher, dass der *gesamte* Boden von der alljährlichen Anreicherung mit organischer Substanz profitiert, die seine Organismen aktiv und gesund erhält. Sie sind dann bestens gerüstet, um die Weiterleitung von Nährstoffen an die Pflanzen in der nötigen Weise zu leisten, was auch immer gerade wächst. Dies geschieht oft auf dem Wege über Mykorrhizapilze, die als verlängerte Wurzeln agieren und im Austausch für die von den Blättern der Pflanzen hergestellten Kohlehydrate auf die Suche nach Nährstoffen und Wasser gehen.

*»Bodennährstoffe sind allesamt wasserlöslich, werden vom Regen
ausgewaschen und sind für die Pflanzenwurzeln verloren«*

~ FALSCH ~

Was diese Ansicht plausibel erscheinen lässt, das ist die weitverbreitete Verwendung von synthetischem Dünger, dessen Nährstoffe zum größten Teil wasserlöslich sind. In der Tat hat es schon oft Grundwasserverschmutzung gegeben, die auf ausgewaschene künstliche Düngemittel zurückzuführen war. Diese Behauptung wird allerdings fälschlicherweise auf fast jede Form von Boden- und Pflanzennahrung angewendet, mit dem Effekt, dass man den Wert von Kompost und kompostiertem Dung nicht sieht und davon abgehalten wird, dieses Material zu bestimmten Zeiten des Jahres auszubringen.

Nährstoffe in Kompost und kompostiertem Dung sind viel schwerer wasserlöslich als die in synthetischem Dünger. Ich demonstriere dies jedes Jahr, indem ich in Herbst und Winter Kompost ausbringe und ihn oben auf der Erde liegen lasse, ohne ihn abzudecken, woraufhin der Regen ihn ungehindert durchfließt. Das ganze folgende Jahr über ist das Wachstum prächtig, und auch Folgepflanzungen gedeihen ohne weitere Zugabe von ergänzendem Kompost oder Dünger erfolgreich.

Wahrscheinlich beruht dieser Mythos auch auf anderen Voraussetzungen, etwa der, dass der Boden jedes Jahr bearbeitet wird. Lässt man den Boden unbearbeitet und ungestört, hilft das dem Bodenleben vielleicht dabei, die Nährstoffe für eine bestimmte Zeit eingeschlossen zu halten, bis sie von den Pflanzen gebraucht werden.

»Die präzise Zugabe von Nährstoffen ist der entscheidende Punkt«

~ FALSCH ~

J. Arthur Bower, der von 1934 bis in die 1960er-Jahre im Osten Englands gewerbsmäßig Blumen anbaute, hatte großen Erfolg damit, dass er von 1940 an nur noch Kompost und nichts anderes mehr verwendete. Seine Erzeugnisse wurden auf den Märkten mit einem 40-prozentigen Aufpreis gehandelt, weil man die höhere Qualität und längere Haltbarkeit zu schätzen wusste. Hier ein Zitat von J. Arthur Bower:

Die Grundbedürfnisse der Pflanzen sind (a) Feuchtigkeit, (b) Wärme, (c) Licht. Die Frage der Nährstoffe ist im Vergleich dazu zweitrangig; man hat sie aber von allen Themen zum wichtigsten und aufwendigsten gemacht. Aus welchem Grund? Obwohl ich jetzt seit 40 Jahren im Gartenbau tätig bin, glaube ich nicht, dass es mich irgendwann noch einmal reizen würde, mein Können und meine Erfahrung an all den Erfordernissen moderner Düngemethoden zu messen. Diese Vorgehensweise ist zu kompliziert und zu riskant. Sie zwingt dazu, zu viele Dinge zu entscheiden und zu unternehmen, ohne dass man eine Ahnung hat, wie das Wetter wird und wie hoch das Niveau der im Boden verfügbaren Nährstoffe ist.

Wie viel einfacher ist es da, Kompost mittels aerober Gärung herzustellen und ihn auf dem Land zu verteilen und die übrige Arbeit dem Boden und seinen Bewohnern zu überlassen. Seit siebzehn Jahren habe ich in meinem Betrieb keine Art von anorganischem Dünger mehr verwendet.

(Mother Earth, Zeitschrift der Soil Association, 1957)

55

*»Flüssigdünger aus Blättern haben einen üblen,
stechenden Geruch«*

~ TEILWEISE RICHTIG ~

Selbst gemachten Flüssigdüngern, etwa aus Beinwell- und Brennnesselblättern, wird nachgesagt, dass sie stinken, und zwar aus
gutem Grund. Ich habe aufgehört, sie zu verwenden, weil die Produkte, die ich herstellte, indem ich zum Extrahieren der wertvollen Inhaltsstoffe die Blätter in Wasser einweichte, üble Gerüche der
schlimmsten Art ausströmten. Sie verunreinigten sogar die Gefäße,
in denen ich die Blätter einweichte, sodass ich sie nicht mehr für
andere Zwecke hernehmen konnte.

Dann machte ich ein Experiment. Ich ließ die Blätter sich ohne
Zugabe von Wasser zersetzen, indem ich sie in einen großen Blu-
mentopf packte, der über einem Eimer stand, sodass eventuell he-
raussickernde Säfte aus dem Loch im Topf tropfen
und sich im Eimer darunter sammeln konnten.
Nach ein paar Wochen fand ich zu meiner Freude
eine ordentliche Menge schwarzer Flüssigkeit vor,
ohne üblen Geruch, und die Blätter waren im Topf
darüber alle zu einer trockenen Masse zusammen-
gefallen. Diese ausgezeichnete Pflanzennahrung
wird im Verhältnis von etwa 20:1 mit Wasser
verdünnt und ist für alle Pflanzen in Töpfen
verwendbar.

56

»Übermäßige Verwendung von Dung macht den Boden sauer«

~ FALSCH ~

Vor der Erfindung von chemischen Düngemitteln gab es Pflanzennahrung nur in Form von Dung, Seetang und Steinmehl. Die Bauern verwendeten nach der Einführung der chemischen Mittel den Begriff »Dünger« oft in einer ganz allgemeinen Bedeutung und meinten damit »Pflanzennahrung«. Dadurch entstanden einige Verwirrungen hinsichtlich der Eigenschaften chemischer und tierischer Düngemittel.

Diese Verwechslungen können aber vermieden werden, indem man das Wort »Dung« für Tierausscheidungen vermischt mit Stallmist verwendet, »Kompost« für zersetztes organisches Material jeder Art (einschließlich Dung) sowie »Dünger« für synthetische Chemikalien. Durch sorglosen oder übermäßigen Gebrauch von menschengemachten Düngemitteln kann der Boden tatsächlich saurer werden, nicht aber durch das Verteilen von Kompost oder Dung.

Da das Wort »Dünger« für diametral entgegengesetzte Produkte verwendet wurde, glaubten manche Gärtner, sie müssten bei der Verwendung von organischem Dünger unnötig zurückhaltend sein, obwohl dieser doch den Boden auf so viele Arten und Weisen verbessert, und das alles, ohne zusätzliche Säure zu verursachen. Ein Beispiel: Ich beauftragte ein Labor, den pH-Wert im Boden zweier benachbarter Flächen zu vergleichen. Die eine Fläche bestand aus meinen Beeten, die seit elf Jahren jedes Jahr vier Zentimeter meines

eigenen Komposts wie auch von kompostiertem Kuh- und Pferde-
dung erhalten hatten. Die andere war 45 Meter davon entfernt und
hatte im fraglichen Zeitraum weder Kompost noch Dung erhalten.
Beide hatten den pH-Wert 7,4.

*»Die Ernährung der Pflanzen muss man während des
Wachstums überwachen und immer wieder anpassen«*

~ FALSCH ~

Seit Ewigkeiten hat die Erde den jahreszeitlichen Fluss der erfor-
derlichen Nährstoffe organisiert, und die Pflanzen haben sich dem
Angebotssystem, das sich um ihre Wurzeln herum entwickelt hat,
angepasst. Selbstverständlich kann man versuchen, dieses zu verbessern; dazu benötigt man allerdings den Einsatz von teuren, wet-
terabhängigen und wasserlöslichen Nährstoffzugaben, die manchmal auch ins Grundwasser einsickern, und in gesundem Boden ist
dies nicht notwendig.

Ich selber habe beim ausschließlichen Einsatz von Kompost
die Erfahrung gemacht, dass die Nährstoffe dann zur Verfügung
stehen, wenn die richtige Temperatur erreicht ist, und die ist für
alle Pflanzen unterschiedlich. Spinat zum Beispiel wächst bei den
niedrigen Temperaturen des Vorfrühlings mit dunkelgrünen Blättern; Zuckermais dagegen ist zur gleichen Zeit gelb, weil er nicht
an den Stickstoff im Boden kommt, bis ein wärmerer Boden seine
Wurzeln anregt, mit Bodenorganismen zu interagieren und auf die
Nährstoffe zuzugreifen. Wenn Boden- und Wetterbedingungen
nicht stimmen, bringt die Anwendung von lösbaren Düngemitteln

den Pflanzen nichts; das ist reine Verschwendung und Umweltverschmutzung. Es ist einfacher und gesünder (und auf lange Sicht auch billiger), Kompost zu verwenden, dessen Nährstoffe genau dann zur Verfügung stehen, wenn sie benötigt, und ansonsten nicht verschwendet werden.

»Grüne Pflanzendünger aus Hülsenfrüchten erhöhen immer den Stickstoff, der für die nächste Aussaat und Pflanzung zur Verfügung steht«

~ TEILWEISE RICHTIG ~

Hülsenfrüchte stellen eine gute Möglichkeit zur Erhöhung des verfügbaren Stickstoffs auf Äckern dar, auf denen Pflanzen wie etwa Klee zwei oder drei Jahre lang in Grasweiden wachsen, als Tierfutter und auch zur Anreicherung des Bodens. Diese Feststellung konzentriert sich allerdings nur auf einen einzelnen Nährstoff und klingt so, als sei es ganz leicht, diesen zu steigern; beim Gartenbau sollte man sich aber darüber im Klaren sein, wie lange die Hülsenfrüchte zum Wachsen brauchen, ob man sie entfernen, als Mulch liegen lassen oder eingraben will, und auch über die Konsequenzen der jeweiligen Methode.

Man muss viel Mühe aufwenden, damit Hülsenfrüchte nennenswerte Mengen von Stickstoff in einem Gemüsegarten fixieren, indem man Gründünger normalerweise nur kürzer wachsen lässt als auf den Äckern. Im Idealfall dürfen die Pflanzen ihre Blütezeit erreichen, und dann ist es am besten, den oberen Teil zu entfernen und auf den Komposthaufen zu bringen, sodass nur noch Wurzeln und Knollen in der Erde verbleiben. Auf diese Weise lässt sich die Kultivierung des Bodens zum Einarbeiten des Grünmaterials umgehen; sie würde das anschließende Wachstum neuer Anpflanzungen so lange verzögern, bis Stängel und Blätter des Gründüngers von der Erde aufgenommen worden sind; auf diese Weise wird auch das Bodenleben wie zum Beispiel die Mykorrhizapilze nicht beschädigt (siehe Mythos 78 »Das Umgraben ist notwendig, um die Bodenschädlinge für Vögel zum Fressen freizulegen«).

»Mit dem Säen von Gründünger kann man auf einfachem Wege die Bodenfruchtbarkeit in Gärten bewahren und aufbauen«

~ FALSCH ~

Wenn man sich genauer anschaut, ob das wirklich so einfach ist, gilt es, verschiedene Faktoren im Auge zu behalten:

- Die Masse des Blätterwachstums beim Gründünger erzeugt zwar organisches Material und gibt nützlicher Fauna Unterschlupf, schafft aber auch ein Habitat für Schnecken.
- Zwischen den Pflanzen für den Gründünger kann sich auch Unkraut ansiedeln, das sich oft selber wieder aussät oder, wenn es mehrjährig ist, sich noch breiter verwurzelt und so den Anbau der nächsten Gemüsesorten erschwert.

- Das Zersetzen von Gründünger in der Erde braucht eher Wochen als Tage; wenn also zu früh nach dem Mulchen oder Einarbeiten des Gründüngers neu ausgesät oder gepflanzt wird, können die sich zersetzenden Blätter den neuen Pflanzen, die gerade wachsen wollen, Nährstoffe entziehen.

Albert Howard* nannte Gründünger ein »vielseitiges biologisches Problem, das voraussichtlich mit einer Regel der Natur nach der anderen in Konflikt kommt«. Howard betonte, dass die besten Ergebnisse aus schnell wachsenden Gründüngerpflanzen mit vielen Blättern zu erzielen sind, im Sinne einer raschen Zersetzung, und dass dies eher in sandigem Boden funktioniert als in Lehm, wo der Mangel an Sauerstoff zu einem langsamen oder fauligen Zersetzungsprozess führen kann. Wenn die Ernte im Frühherbst eingebracht wird und ich kein anderes Gemüse pflanzen will, dann ist meiner Erfahrung nach die Aussaat von Senf eine gute Wahl. Er wächst schnell, und später werden die Senfpflanzen von den Winterfrösten vernichtet. Die organische Substanz zersetzt sich also auf der Oberfläche und wird von den Würmern in die Erde hineingezogen.

---

* Sir Albert Howard (1873–1947) war ein Agrarwissenschaftler und Botaniker, der in Indore in Indien eine Forschungsstation leitete; dort entwickelte er seine Ansichten zu den traditionellen landwirtschaftlichen Methoden, deren Wert er höher einschätzte als den der modernen wissenschaftlichen Methoden. Er war einer der Gründer der *Soil Association* im Jahr 1946, und seine Forschung war ein Grundstein für die von den frühen Biobauern angewendeten Verfahren.

NAHRUNG FÜR SPEZIELLE GEMÜSESORTEN

*»Erde, in die Karotten und Pastinaken gesät werden sollen,
sollte man nicht mit Dung oder Kompost versetzen«*

~ FALSCH ~

Hier geht einiges durcheinander, weil man stillschweigend an-
nimmt, dass das organische Material in die Erde eingearbeitet wird,
wie das die meisten Gärtner machen. Und dies kann zu Verzwei-
gungen führen: Die Nährstoffe sind ungleichmäßig verteilt, und
die Wurzeln wenden sich den ergiebigsten Einschlüssen zu.
Wenn allerdings Kompost und Dung auf der Oberfläche
verbleiben und Samen zum Beispiel von Karotten und
Pastinaken in diese organische Substanz eingesät werden, dann tritt keine verstärkte Verzweigung auf, und
das Wachstum ist gut, mit hohen Erträgen an Wurzelgemüse. Ich wende diese Methode jedes Jahr an und erhalte
fast immer gerade Wurzeln von guter Qualität.

»Wurzelgemüse brauchen keine Nährstoffzugabe«

~ TEILWEISE RICHTIG ~

Das ist zu simpel formuliert und trifft nur für Stickstoffdünger zu,
der eher das Wachstum der Blätter als der Wurzeln fördert. Aber
alle Teile einer Pflanze müssen zusammenwirken, und man kann
keine großen Wurzeln ohne große Blätter haben. Wenn man das

begreift, findet man zu einer einfacheren Methode, bei der man nicht »gezielt Nährstoffe zuführt«, sondern jedes Jahr die Erde insgesamt mit organischem Material anreichert (siehe auch Mythos 52 und auch Mythos 28 »Überdüngte Zwiebeln haben fast nur Blätter und keine Wurzeln«).

»Hülsenfrüchte brauchen keinen Kompost, weil sie sich selbst mit Stickstoff versorgen«

~ TEILWEISE RICHTIG ~

Dieser Hinweis taucht oft in Erläuterungen zur Durchführung des Fruchtwechsels auf, wobei am meisten Kompost und Dung für den Kartoffelbereich und eine gewisse Menge für die Kohlsorten empfohlen wird. Der Hinweis ist nicht falsch, hebt aber die Bedeutung des Stickstoffs zu sehr hervor, der nur einer von vielen Nährstoffen ist, die man braucht. Dieser Mythos wird sehr zu Recht vom nächsten korrigiert – der aber aus anderem Grund selber irreführend ist.

»Stangenbohnen muss man in einem mit organischem Material gefüllten Graben ziehen«

~ FALSCH ~

Dies ist einfach nur eine unter vielen Methoden, wie man eine schnell wachsende Gemüsesorte zieht, die viel Nährstoffe und Feuchtigkeit benötigt. Stangenbohnen wachsen aber auch in unbearbeitetem Boden mit Oberflächenkompostierung, in dem das organische Material auf der Oberfläche die Feuchtigkeit speichert und der Erde darunter Nährstoffe zuführt und auch den Würmern guttut; die Röhren, in denen diese sich bewegen, stehen dann den Wurzeln zur Verfügung, wenn sie auf Nahrungssuche durch die Erde bis zu erheblicher Tiefe vordringen.

Herstellung und Verwendung von Kompost

Wie macht man Kompost? Um dieses Thema herum hat sich allerhand überliefertes Wissen angesammelt. Manches davon gehört in den Bereich des Mythos und sollte am besten selbst kompostiert werden! Vieles im Garten, was Sie angeblich nicht auf den Haufen geben sollen, können Sie unbesorgt kompostieren, und Sie können auch ohne Wärme guten Kompost herstellen!

»Rhabarberblätter oder Zitronenschale kann man nicht problemlos kompostieren«

~ FALSCH ~

Dieser Rhabarberblättermythos ist wahrscheinlich deshalb entstanden, weil die Blätter so hohe Werte an Oxalsäure aufweisen; aus diesem Grund sind sie bei Verzehr giftig. Für den Komposthaufen mit seinem kraftvollen Verdauungsprozess ist das aber kein Problem: Die Säure wird abgebaut, und die Blätter verwandeln sich in wertvollen Humus.

Zitronenschale hat ebenfalls einen schlechten Ruf, vielleicht weil Kompostwürmer in Wurmkompostern sie nicht mögen. Ich habe aber immer die Zitronenschalen aus der Küche auf den Komposthaufen gegeben, und sie werden auch zu Kompost. Schwierigkeiten könnten allenfalls dann auftreten, wenn Orangen und Zitronen gewachst worden sind, um ihnen Haltbarkeit und Glanz zu geben, aber irgendwann werden auch die abgebaut; ungewachste Zitrusfrüchte verschwinden aber schneller.

65

*»Wurzeln von Winden und anderem mehrjährigen Unkraut
lassen sich nicht ohne Probleme kompostieren«*

~ FALSCH ~

Das geht durchaus, solange die Wurzeln keine Chance haben, neu auszutreiben, bevor sie ihre Ressourcen beim Versuch dazu erschöpft haben; deshalb dürfen sie kein Licht bekommen. Das geht ganz leicht, wenn sie vom üblichen Material eines Komposthaufens zugedeckt sind – achten Sie nur darauf, dass Wurzeln von mehrjährigem Unkraut nicht am Rand des Haufens, wo Licht hereinfällt, liegen, und lassen Sie auf Kompostern mit Deckel diesen geschlossen. Die Sommerhitze und das regelmäßige Auffüllen des Haufens sorgen auch mit dafür, dass Temperaturen erreicht werden, unter denen der Zerfallsprozess rascher verläuft.

Ich werfe Wurzeln von Ampfer, Nesseln, Löwenzahn, Kriechquecken und Winden auf meine Komposthaufen, und sie lassen sich alle kompostieren; nur ab und zu treibt eine aus, wenn sie sich irgendwo in der Nähe eines Spalts an der Seite befindet, zum

Beispiel zwischen den Brettern einer Palette. Wenn so
etwas vorkommt, kann man die austreibenden Wurzeln
beim Umsetzen oder Ausbringen des Komposts ganz leicht herausziehen. Diese Methode ist insgesamt einfacher und schneller
als andere Gegenmittel, wie etwa das Einweichen von Wurzeln in
Wasser, bis sie verfault sind.

»Mit Mehltau infizierte Tomaten- und Kartoffelpflanzen lassen sich nicht ohne Probleme kompostieren«

~ FALSCH ~

Wenn von »Mehltau« die Rede ist, ist meistens *Phytopthora infestans* gemeint, also »Kraut- und Knollenfäule« bei der Kartoffel
beziehungsweise »Kraut- und Braunfäule« bei der Tomate. Dieser
Erreger richtet bei Kartoffeln und Tomaten derart großen Schaden an, dass seine Kräfte schon selber mythische Qualitäten an-
genommen haben. Die Krautfäule kann sich allerdings nur unter
ganz bestimmten Bedingungen entwickeln: Blattbenetzung, Luftfeuchtigkeit über 90 Prozent und nächtliche Temperaturen über
10 °C über mindestens zwei Tage (die sogenannte *Smith period* –
siehe Mythos 94). Der Schlüssel zur Vermeidung der Krankheit an
Tomaten unter Abdeckung liegt darin, Boden und Kompost erst
ab Mitte des Sommers zu bewässern, um die Blätter trocken zu
halten (siehe Mythos 26 »Gurken und Tomaten kann man nicht
zusammen anbauen.«). Wie auch immer wir aber unseren Garten
bewirtschaften – irgendwann im Sommer, wenn die Wetterbedingungen entsprechend feucht und warm sind, werden Kartof-

feln und Tomaten im Freien von der Krautfäule befallen, mit Sporen, die sich millionenfach vermehren und mit dem Wind hereinkommen.

Ich habe immer alles, was bei mir von Krautfäule befallen war, Blätter, Früchte und Knollen von Tomaten und Kartoffeln, auf den Kompost gegeben. Dadurch füllen sich die Komposthaufen rasch auf, gerade im Spätsommer und Herbst, wenn der infizierte Abfall sich im Zersetzungsprozess befindet. Im Frühling kann der so entstandene Kompost ausgebracht werden, wo immer man ihn brauchen kann. Manchmal verwende ich ihn in Folientunneln, wo danach Tomaten gepflanzt werden, und diese entwickeln sich ganz gesund ohne Krautfäule. Ich habe auch schon Kartoffeln direkt neben Flächen angebaut, wo im Jahr zuvor erkrankte Pflanzen gestanden hatten (siehe auch Mythos 94).

»Wenn der Komposthaufen nie heiß wird, kann man keinen guten Kompost herstellen«

~ FALSCH ~

Heißer Kompost entsteht, wenn genügend durchlüftetes »grünes« und »braunes« Material vorhanden ist, um die sich rapide vermehrenden Bakterien zu ernähren, die mit ihrer Zersetzungsarbeit Hitze erzeugen, oft bis zu 60 °C; das reicht aus, um Unkrautsamen und Krankheitserreger abzutöten (siehe Mythos 96). Temperaturen dieser Höhe können aber auch nützliche Pilze abtöten, sodass Kompost aus Haufen, die in regelmäßigen Abständen maschinell umgewälzt worden sind, um die Bestandteile zu vermischen und mehr Luft hereinzulassen, und die auf diese Weise Temperaturen von sogar mehr als 60 °C generieren, oft schwarz und relativ leblos aussieht, verglichen mit dem zerfallenden Kompost zu Hause.

Man kann auch ausgezeichneten Kompost in Haufen herstellen, die sich kaum einmal bis auf Handwärme erhitzen – dann dauert der Prozess der Kompostierung einfach länger und wird von Pilzen und nicht von Bakterien organisiert. Diese Pilze sind enorm nützlich, wenn sie sich im Boden vermehren, weil sie den Pflanzen beim Zugang zu Nährstoffen und auch Wasser behilflich sind.

Bei niedrigeren Temperaturen hergestellter Kompost ist zunächst vielleicht klumpig und klebrig, bis er ein Jahr alt ist; ist er aber verteilt und liegt im Herbst auf der Erde, dann tun Luft und Wetter das Ihre, um den Abbau zu vollenden, und bis zum Frühling ist er dann ein weiches Pflanzmedium geworden.

»Man muss dem Komposthaufen Würmer zugeben«

~ FALSCH ~

Reifender Kompost wird sehr schnell von Legionen von roten Kompostwürmern besiedelt, selbst wenn die Haufen auf befestigten Flächen angelegt werden. Vermutlich befinden sich die Wurmeier in der Erde, die wir auf unsere Haufen geben, an den Wurzeln von Pflanzen und Unkraut. Jeder Haufen, den ich bisher angelegt habe, hat sich beim Reifen mit Würmern gefüllt, deshalb würde ich nie meine Zeit damit verschwenden, noch weitere dazuzugeben.

»Am besten für den Komposthaufen sind lamellierte
Seitenwände, damit Luft hineinkommt«

~ FALSCH ~

Obwohl Luft ein entscheidender Bestandteil ist, kann durch seitliche Löcher im Haufen nur wenig *frische* Luft eindringen, weil die Inhaltsstoffe ihnen den Weg versperren; darin liegt der Gewinn, wenn man einen Haufen umwendet. Ich habe zwischen durchgehenden und lamellierten Seitenwänden keinen Unterschied bemerkt. Meiner Meinung nach funktionieren Seitenwände aus zwölf Millimeter dickem Sperrholz gut; man kann sie schnell zusammenbauen und leicht verlagern, außerdem speichern sie Wärme und Feuchtigkeit in den Ecken.

»Man muss die Haufen im Schatten/
in der prallen Sonne anlegen«

~ FALSCH ~

Manchmal wird behauptet, dass Baumschatten den Kompostierungsprozess fördert, und das stimmt vielleicht auch, aber es ist ein unbedeutender Gesichtspunkt. Dann wieder kann man lesen: »Komposthaufen müssen in der prallen Sonne stehen, damit sie die Wärme aufnehmen können!« Eigentlich können Haufen überall angelegt werden. Ich habe besten Kompost unter ausladenden Kiefern hergestellt, genauso aber im vollen Sonnenlicht!

71

»Man muss die Haufen mit einem Aktivator impfen«

~ TEILWEISE RICHTIG ~

Ja, man kann den Kompostierungsprozess mit markeneigenen oder selbst gemachten Kräuterzutaten beschleunigen und verbessern.

Man kann ausgezeichneten Kompost aber genauso gut einfach mit Unkraut und pflanzlichem Abfall herstellen. Gibt man etwas Mist von Hamstern, Kaninchen und Hühnern dazu, dann ist das eine billige und effektive Methode, den Kompost sogar noch besser zu machen.

MYTHEN ÜBER SÄEN
UND ANBAUEN IN KOMPOST

72

»Pflanzen können durch zu viele Nährstoffe
im Kompost Schaden nehmen«

~ FALSCH ~

Ich werde oft gefragt, ob Pflanzen »verbrennen« können, das heißt überwältigt werden von einem Übermaß an Nährstoffen im Kompost. Das kann aber gar nicht passieren, weil Kompost das Ergebnis eines Prozesses ist, der die Verfügbarkeit von Nährstoffen stabilisiert.

Aus diesem Grund kann Kompost, ob er nun aus zersetzten Pflanzen oder Dung hergestellt ist, Pflanzen nicht durch ein Übermaß an Nahrung schädigen, vorausgesetzt, es wurden ihm keine synthetischen Nährstoffe zugegeben. Der Kompostierungsprozess beinhaltet die Herstellung von weichem Humus, der die Nährstoffe in einer stabilen, nicht wasserlöslichen Form speichert, gebrauchsfertig für die Pflanzen, sobald das Zusammenspiel mit den Pilzen die richtigen Botschaften sendet. Zum Glück für uns Gärtnerinnen und Gärtner kümmern sich biologische Mechanismen dieser Art um Ernährung und Wachstum der Pflanzen, ohne dass wir uns Sorgen machen oder uns kümmern müssten, insbesondere in Böden, in denen der Kompost Nahrung für die Massen an Bakterien und Pilzen zur Verfügung stellt (siehe auch Mythos 52 »Unterschiedliche Pflanzen brauchen unterschiedliche Ansätze bei der Düngung mit Dung« sowie Mythos 87 »Man sollte keine Samen in Dung aussäen«).

»Die Wurzeln von Setzlingen können Verbrennungen erleiden, wenn sie in Kompost gesät oder gepflanzt werden, der auf dem Boden ausgebracht ist«

~ FALSCH ~

Obwohl er so ähnlich lautet wie der vorhergehende Mythos und auch wie der, der das Säen auf Dung behandelt (Mythos 87), unterscheidet sich dieser doch in gewissen Feinheiten. Vor allen anderen Dingen muss man wissen, dass man in jeden Kompost säen kann, der in der Substanz krümelig genug ist, selbst wenn er erst vor Kurzem ausgebracht worden ist. In abgelagerten, älteren Kompost zu säen geht allerdings leichter. In den 30 Jahren, in denen ich in Kompost auf der Bodenoberfläche gesät habe, und zwar in Kompost der unterschiedlichsten Sorten, Reifegrade und Tiefen, ist es nie vorgekommen, dass etwas aufgrund von Übermaß oder Ungleichgewicht bei den Nährstoffen nicht gut gediehen ist, nur ab und zu einmal, wenn die Aussaat in dickeren Mulch von eher holzhaltigem Kompost aus Grünschnitt erfolgte; da färbten sich die Blätter der Pflanzen dann kurzzeitig gelb wegen Mangels an Nährstoffen.

Es fasziniert mich jedes Jahr wieder, wenn ich bei zweien der Beete, die ich zum Experimentieren nutze, das Wachstum der Samen vergleichen kann; das eine wird im Herbst umgegraben, wobei der Kompost eingearbeitet und die Samen deshalb in die Erde gesät werden; das andere wird unbearbeitet gelassen mit dem Kompost auf der Oberfläche. Die Samen keimen und wachsen auf beiden Beeten gut, bis dann nach ein paar Wochen die Unterschiede deutlich werden – etwa die Hälfte der Gemüsesorten, vor allem Spinat, Salat, Zwiebeln und Pastinaken, startet offensichtlich lieber in Kompost, während Kohl, Kartoffeln und Karotten manchmal im umgegrabenen Boden einen kräftigeren Eindruck machen.

»Komposttee ist eine Nährstoffzugabe«
~ FALSCH ~

Es gibt da die irrtümliche Vorstellung, dass mit »Komposttee« die dunklen Flüssigkeiten gemeint seien, die aus Kompost- und Misthaufen sickern. Diese sehen zwar reichhaltig aus, enthalten aber möglicherweise mehr Kohlenstoff als Nährstoffe und können ungesund anaerob sein. Echter Komposttee ist ein erst vor Kurzem erfundener Sud aus Mikroorganismen und eben nicht aus Nährstoffen. Für die Herstellung gibt man eine kleine Menge Kompost von hoher Qualität auf eine große Menge Wasser und etwas Zucker, zum Beispiel Molasse, zur Ernährung der Milliarden von Mikroorganismen, die durch mechanisches Rühren und Oxygenierung über einen Zeitraum von bis zu 24 Stunden vermehrt werden. Das ist keine Nährstoffzugabe, sondern ein Sud, der riesige Mengen von Pilzen und Bakterien enthält; diese können je nach den gewünschten Ergebnissen zusammengestellt werden, von einer reichen Gemüseernte bis zum beeindruckend grünen Golfrasen.

Der Reichtum an Leben in den Komposttees kann die wertvollen Inhaltsstoffe in absterbender Erde aufschließen. Wenn man sie auf nährstoffreichen, aber wenig ergiebigen Böden anwendet, sind die Ergebnisse erstaunlich; so hat das zum Beispiel Gareth Cameron von der *National Vegetable Society* erlebt, als seine in Töpfen gezogenen Lauchpflanzen, die schon nicht mehr auf Düngemittelgaben reagierten, auf einmal wieder zu wachsen anfingen, nachdem er Komposttee auf die Erde gesprüht hatte.

»Biologische Komposterde für Topfpflanzen hat einen geringeren Nährstoffgehalt«

~ TEILWEISE RICHTIG ~

Das mag zutreffen, ist aber kein Problem. Die Nährstoffe in biologischem Kompost sind nämlich rationiert, weil sie weniger wasserlöslich sind. Daraus ergibt sich zweierlei: Zum Ersten ist das Blattwachstum kleiner, aber kräftiger und weniger anfällig für Blattläuse. Und zum Zweiten wird vom Nährstoffgehalt weniger ausgewaschen und verschwendet, sollte der Kompost zu stark gewässert werden.

Kompostsorten, die man nicht verwenden sollte, sind die mit zu vielen Holzstückchen. Das fiel mir bei einem Vergleich von Salaten auf, die in vier unterschiedlichen Sorten Kompost wuchsen; bei einer Sorte konnte man sehen, dass sie sehr viel zerkleinertes Holz enthielt. In dieser gedieh der Salat so gut wie gar nicht, während die anderen, in Mehrzweckkompost, Kuhdung und Gartenkompost, sich allesamt gut entwickelten. (Zu dem Zeitpunkt, als sie in die verschiedenen Sorten Kompost gepflanzt wurden, waren alle Pflanzen kräftig und gesund.) Die Blätter des Salats aus dem holzhaltigen Kompost blieben rosa oder violett und wurden nicht grün: ein klarer Fall von »Stickstoffklau« durch das Holz, bis dann nach drei Monaten eine Andeutung von Grün zu sehen war; da war das Holz mit seinem Zersetzungsprozess allmählich fertig und verbrauchte weniger Stickstoff, sodass etwas davon für den Salat übrig blieb.

Wenn man holzhaltigen Kompost im Garten als *Oberflächen*mulch verwendet, kommt es glücklicherweise kaum zu solchen Effekten, weil das Holz so gut wie keinen Kontakt mit dem Boden hat.

76

*»Mit Aussaaterde von Markenfirmen
geht die Saat am besten auf«*

~ FALSCH ~

Wenn das wenigstens *wahr wäre* … bei der Frage, in welcher Erde Samen am liebsten aufgehen, habe ich aber überraschende Entdeckungen gemacht. Markenkompost zur Vermehrung basiert entweder auf Lehm, Torf oder kompostiertem Pflanzenmaterial wie Rinde, Blättern und Grünschnitt, der oft auch Holzstückchen enthält. Dazu kommen unterschiedliche Mengen von Nährstoffen, je nach dem angegebenen Verwendungszweck der Sorte. Aussaat- oder Anzuchterde hat die geringste Nährstoffbeigabe, damit es nicht zu einem »Verbrennen« von Setzlingen kommt.

Ich habe mehr Schwierigkeiten mit der Keimung bei Anzuchterde von Markenherstellern erlebt als bei normalen Mehrzweckmischungen. Die einzigen Gemüsesorten, bei denen ich je »Verbrennungen« wahrgenommen habe – und zwar in dichtem Mehrzweckkompost, in dem der Mangel an frischer Luft schädlicher war als ein Übermaß an Nährstoffen –, sind Rote Beete, Spinat und Salat. Meiner Erfahrung nach treiben Rote Beete am besten in einer Mischung aus halb Kuhdung und halb selbst gemachtem Kompost aus, beides etwa eineinhalb Jahre alt und mit kleinen Stückchen von braunem Stroh versetzt, sodass das Wasser durchsickern kann. Dieser reichhaltige Kompost bringt große kräftige Pflanzen hervor!

Struktur und Pflege des Bodens

In Büchern und Artikeln zum Thema Gartenbau geht man oft von der Annahme aus, dass der Boden durch regelmäßiges Auflockern verbessert wird. »Den Boden umgraben ist für gutes Pflanzenwachstum von entscheidender Bedeutung«, erfahren wir auf der BBC-Webseite, jetzt, während ich dieses Buch schreibe. Es lohnt sich, die Begründungen, die man üblicherweise dafür bekommt, einmal etwas genauer unter die Lupe zu nehmen.

»Bearbeitung ist gut für den Boden«

~ FALSCH ~

Die Auflockerung des Bodens mithilfe von Maschinen und Geräten bringt eine ganze Reihe unerwünschter Ergebnisse mit sich:

- Zunahme des Auskeimens von Unkrautsamen.
- Zahlenmäßige Zunahme bei den mehrjährigen Unkräutern, weil sie aus den zerhackten Wurzeln neu hervorsprießen.
- Verlust von Feuchtigkeit, da der Boden der Austrocknung durch Wind ausgesetzt ist.

- Verlust von organischer Substanz, da Kohlenstoff als Kohlendioxid in die Atmosphäre entweicht.
- Beschädigung und Absterben von Bodenbewohnern, etwa von Würmern, Käfern, Bakterien und vor allem Mykorrhizapilzen (siehe nächster Mythos).
- Verlust an bestehender Bodenstruktur, sodass es leichter zu Verdichtung kommt, welche wiederum weitere Bodenbearbeitung erfordert.

Manchmal ist Umgraben sinnvoll, um dichten Gras- und Unkrautbewuchs unterzugraben, als einen ersteren Schritt, wenn man sauberen Boden für die Aussaat haben will. Von dem Punkt an empfiehlt es sich jedoch, den natürlichen Prozess nachzuahmen: Der unbearbeitete Boden bleibt gesund und belüftet, vorzugsweise mit frischer »Nahrung« obendrauf. Ich habe das auf unterschiedlichen Böden, von steinigem Schotter bis zu dichtem weißen Lehm, so gehandhabt und in allen Fällen gutes Wachstum erzielt. Speziell für Gemüse müssen Sie noch etwas organische Substanz dazugeben, wenn die Pflanzen gut gedeihen sollen, aber auf lange Sicht gesehen, braucht man davon weniger, als wenn der Boden bearbeitet wird, weil bei unbearbeitetem Boden die Oxidation von Kohlenstoff geringer ist, und Kohlenstoff ist der Baustein der organischen Substanz.

»Das Umgraben ist notwendig, um die Bodenschädlinge
für Vögel zum Fressen freizulegen«

~ FALSCH ~

Diese abwegige Behauptung geht offensichtlich von der Vorstellung aus, der Boden enthalte nichts als Schädlinge und Probleme, wie etwa Schneckeneier, die man durch Bodenbearbeitung bloßlegen kann. Viel schwerer als dieser Vorteil wiegt jedoch der Schaden für nützliche Organismen:

- Regenwürmer werden Raubvögeln preisgegeben, wenn sie nicht schon vorher mit den Spaten in zwei Hälften geteilt wurden. Regenwürmer spielen in vieler Hinsicht eine entscheidende Rolle im Garten – bei der Wiederaufbereitung von organischer Substanz und Pflanzennahrung, bei der Verbesserung der Bodenstruktur durch ihre nährstoffreichen und gut strukturierten Ausscheidungen – kurz, bei der Erledigung vieler Funktionen, die eigentlich mithilfe des Umgrabens erreicht werden sollen.

- Mykorrhizapilze werden abgetötet, wenn sie der Luft ausgesetzt werden; dadurch wird das potenzielle Wachstum aller Pflanzen in dem umgegrabenen Boden reduziert, bis sich die Mykorrhizen wieder angesiedelt haben (meinen Versuchsergebnissen zufolge nach etwa einem halben Jahr).

- Zahlreiche Bodenorganismen werden gestört, so zum Beispiel der Gemeine Grabkäfer, der sich von Insekten, Schnecken und

Unkrautsamen ernährt. Und dies ist nur eines unter den Mitgliedern des Bodenlebens in seiner vielschichtigen Gemeinschaft, die wir am besten in Ruhe lassen sollten.

➤ Statt den Boden umzugraben, würde ich lieber den Mythos auf den Kopf stellen …

»Um das Bodenleben gesund und die Nährstoffe in einer stabilen Struktur aufrechtzuerhalten, ist es erforderlich, dass man nicht umgräbt«

~ RICHTIG! ~

Die Bodentierwelt ist weniger augenfällig und seltener Gegenstand von Debatten als die größeren Tiere und Insekten in unserer Umgebung; sie ist aber ebenso wichtig und belohnt die Sorgfalt der Gärtnerin und des Gärtners mit gesünderem Pflanzenwachstum. Ein umfangreicher Bestandteil von Bodenfruchtbarkeit ist ein gesundes und aktives Bodenleben – die Myriaden sichtbarer und mikroskopisch kleiner Bodenorganismen, die sich unablässig durch die Erde bewegen und fressen und dabei zur Wiederverarbeitung der Nährstoffe und zu Erhalt und Verbesserung der Bodenstruktur beitragen, wobei alle bei der Aufrechterhaltung des Gleichgewichts zwischen den Schädlingen und ihren Fressfeinden eine Funktion haben.

Ich wünschte, wir könnten die Myriaden kleiner Organismen im Boden mit unseren Augen *sehen*, weil sie einen derart wichtigen Beitrag zum gesunden Wachstum leisten.

Penelope Hobhouse, Gärtnerin, Designerin und Autorin zahlreicher Bücher über Ziergärten, erzählte mir, sie habe die Erfahrung gemacht, dass ihre Pflanzen in unbearbeitetem Boden hervorragend gedeihen. Sie gestaltet neue Ziergärten in ungestörtem, gemulchtem Boden, wobei sie in einem ersten Schritt Unkrautvernichter verwendet; für das Jäten und Gießen wird anschließend viel weniger Zeit und Energie benötigt.

»Wenn die Wurzeln von Pastinaken und Karotten
in die Erde hinunterwachsen sollen,
muss man ihnen lockere Erde anbieten«

~ FALSCH ~

Wenn obenauf etwas Kompost liegt, um die Struktur unten aufrechtzuerhalten, dann wachsen Karotten und Pastinaken direkt hinunter in den ungestörten Boden, selbst in Lehm. Das Problem hier ist weniger, wie man sie zum Wachsen bringt, sondern eher, wie man es schafft, die langen Wurzeln herauszuziehen, was in der Tat eine gewisse Lockerung des Bodens erfordert.

Sind dann die langen Wurzeln geerntet, und der Boden ist nicht gerade durch und durch nass, trete oder gehe ich auf dem Beet herum, um es wieder zu festigen. So bleibt der Boden fest und homogen, ohne ein Übermaß an frischer Luft, das für manche Organismen schädlich wäre.

*»Der Boden muss vom Gärtner belüftet werden, damit
die Pflanzen gesunde Wurzeln entwickeln«*

~ FALSCH ~

Samen brauchen zum Keimen Luft im Boden, auch die Wurzeln
brauchen Luft und Platz zum Wachsen; für all dies ist es jedoch
nicht erforderlich, dass die Gärtnerin oder der Gärtner den Boden
auflockert. Wurzeln bewegen sich gerne durch Erde, die vielleicht
dicht *aussieht*, in Wirklichkeit aber voller Luftkanäle und Hohl-
räume ist zwischen den großen und kleinen Erdklümpchen, die
von den verschiedenen Organismen ausgeschieden werden. Wenn
ich lange Pastinaken ernte und den Lehm am unteren Ende der
Wurzeln genauer anschaue, stelle ich fest, dass er unter Druck eine
krümelige Struktur aufweist, die auf die Ausscheidungen der Bodenorganismen zurückzuführen ist.

»Umgraben verringert Verdichtung«

~ RICHTIG, ABER IRREFÜHREND ~

In dieser Behauptung verbirgt sich eine sprachliche Konfusion,
was die Wörter »fest« und »dicht« betrifft, wobei gesunder,
fester Boden oft als verdichtet beschrieben wird. Pflanzen mögen festen Boden und treiben ihre Wurzeln in
ein weites Spektrum von ungestörten Bodentypen und
-strukturen. Aber wie können Sie feststellen, ob der
Boden in Ihrem Grundstück verdichtet ist und

nicht von Natur aus fest? Wenn das Unkraut reichlich wächst und das Wasser nach dem Regen versickert, können Sie sicher sein, dass es kein Problem gibt; andernfalls graben Sie ein kleines spatentiefes Loch, und prüfen Sie, ob da irgendwelche fauligen Gerüche oder orange-graue Zonen sind, die für einen Mangel an Luft sprechen. Sind diese weit verbreitet, können Sie einmal umgraben und dann, im Sinne einer längerfristigen Lösung des Problems, nach dem Umgraben noch zusätzliches organisches Material auf der Oberfläche verteilen.

»Samen und Gewächse brauchen beim Säen und Pflanzen richtig feine Erde«

~ MEISTENS FALSCH ~

In der Praxis ist es günstig, wenn der Boden Partikel unterschiedlicher Größen aufweist; Boden mit feiner Struktur kann nämlich bei Regen zusammensacken und dann nach dem Trocknen oben eine harte Deckschicht bilden. Gut zersetztes organisches Material, wie etwa ein Jahr alter Kompost und Dung, eignen sich hervorragend zum Einsäen (siehe Mythos 73), ebenso auch die handelsüblichen Kompostsorten, wenn man sie als Oberflächenmulch aufstreut. Alle Samen mögen die weiche Feuchtigkeit von Kompost und gedeihen gut, sogar so kleine Samen wie die von Karotten, auch wenn es im Saatbeet ein paar Klumpen gibt.

84

»Man sollte niemals über die Beete laufen«

~ FALSCH ~

Diese Empfehlung stammt aus der Bewirtschaftung bearbeiteter Beete, wo die Bodenstruktur regelmäßig aufgebrochen wird und der Boden deshalb nicht in der Lage ist, Gewicht zu tragen, ohne dass er in sich zusammenfällt, und die durch die Bearbeitung hergestellte Belüftung großenteils verliert. Boden, der nicht gestört und mit einer dünnen Schicht aus organischem Material auf der Oberfläche mit Nahrung versorgt wird, weist eine feste und eben keine verdichtete Struktur auf, voller Wurmröhren und so weiter, die Gewicht tragen kann. Gleichzeitig können sich die Pflanzenwurzeln hindurchbewegen – so ähnlich wie beim Rasen, auf dem wir ja auch herumlaufen.

85

»Wenn man bei feuchter Witterung über den Boden läuft,
sollte man immer ein Brett unterlegen«

~ FALSCH ~

So wie bei dem vorherigen Mythos bezieht sich dies nur auf umgegrabenen Boden, der weich ist und bei feuchtem Wetter leicht durch Gewicht jeder Art Schaden nehmen kann. Über meinen unbearbeiteten Lehmboden kann ich Schubkarren schieben, auch wenn er nass ist, und finde, dass

der Schlamm weniger an den Stiefeln klebt. Ich kann also bei jedem Wetter ins Anbaugebiet gehen. In den feuchten Jahreszeiten war dies für meinen Gartenbaubetrieb immer ein entscheidender Faktor: Ich verliere durch Regen und Schlamm keine Zeit und kann bei jedem Wetter ernten, pflanzen, Unkraut entfernen und Kompost ausstreuen.

»Kompost und Dung werden am besten im Wurzelbereich eingearbeitet«

~ FALSCH ~

Diese Behauptung steht in zweifachem Widerspruch zu den natürlichen Prozessen. Zum Ersten haben sich Bodenorganismen so entwickelt, dass sie organische Substanz auf der Oberfläche suchen und zu sich herunterziehen. Zum Zweiten holen sich viele Pflanzenwurzeln Nahrung an der Oberfläche. An der Oberfläche belassenes organisches Material wird Schritt für Schritt zu Nahrung für Boden und Pflanzen abgebaut; das geht leichter, als wenn es eingearbeitet ist, da die für die finale Zersetzung benötigte Luft frei verfügbar ist. Zum Schluss ist es dann tatsächlich eingearbeitet, vollkommen gratis und ohne irgendwelche Nachteile für das Bodenleben.

»Man sollte keine Samen in Dung aussäen« oder »Dung verbrennt Sämlinge«

~ TEILWEISE RICHTIG ~

Hier kommt es zu Missverständnissen, weil es beim Thema Dung Unklarheiten gibt. Nur frischer Dung könnte Pflanzen Schaden zufügen, weil es kleinen Setzlingen eventuell nicht guttut, wenn es ein Überangebot an Nährstoffen gibt. Bei all den Tausenden von Aussaaten, die ich in Dung vorgenommen habe, ist mir das allerdings kein einziges Mal wirklich passiert. Schwierigkeiten haben sich nur dann ergeben, wenn es galt, Bodengare herzustellen. Das geht leichter, wenn der Dung schon zwei Monate lang zum Weichwerden auf der Bodenoberfläche gelegen hat. Danach ergibt er ein ausgezeichnetes Aussaatmedium für Samen aller Art, einschließlich Karotten und Pastinaken (siehe Mythos 60).

Es gibt eine Menge unbegründeter Ängste, wie folgender Beitrag in meinem Forum zeigt: »Die Dame in der Gärtnerei sagte mir, Pilzkompost müsse man einarbeiten, andernfalls würde er die Pflanzenwurzeln verbrennen.« Ein anderer Gärtner fragte mich, ob man wirklich Pflanzen in Dung setzen könne, der erst ein Jahr alt ist, denn »da gibt es doch sicher zu viel Stickstoff, der die Wurzeln verbrennt, und zu viel Kohlenstoff, der den Wurzeln Nährstoffe entzieht?« Diese beiden Behauptungen heben sich gegenseitig auf: In einjährigem Dung besteht ein pflanzenfreundliches Gleichgewicht von Stickstoff und Kohlenstoff, und die Nährstoffe in organischem Material können sich nicht in Wasser auflösen und deshalb auch nicht die Pflanzenwurzeln beschädigen.

»*Umgegrabener Boden trocknet und erwärmt sich schneller als nicht umgegrabener Boden*«

~ FALSCH ~

Boden, der nicht umgegraben wurde, trocknet tatsächlich langsamer, als wenn er umgegraben ist, was bedeutet, dass er de facto in der Nacht wärmer ist, da die Feuchtigkeit Wärme speichert. Ungestörter Boden kann auch Wärme leiten, die von *unten* kommt. In seinem Buch *Das Unkrautproblem* zitiert F. C. King* die Ergebnisse eines Versuchs, den die *Scottish Fruit Growers' Association* im Jahr 1948 durchführte: Bei Frost lag die Temperatur von ungestörtem nassen Lehm bei − 3,2 °C, verglichen mit − 3,9 °C auf einer benachbarten Fläche, die bis zu einer Tiefe von 7,5 Zentimetern umgegraben worden war.

---

* F. C. King war in den 1930er- und 1940er-Jahren Chefgärtner für die vier Hektar große Fläche von Levens Hall in Cumbrien. Er verlegte sich immer mehr auf den Gartenbau ohne Umgraben und Oberflächenkompostierung als Methode, mit dem Ergebnis, dass Levens Hall Pilgerstätte für alle Gärtnerinnen und Gärtner wurde, die wissen wollten, wie man Kompost herstellt und verwendet. Kings Buch *Gardening with Compost* wurde im Jahr 1944 veröffentlicht (neu aufgelegt im Jahr 2002).

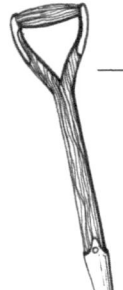

89

»Umgraben erhöht die Fruchtbarkeit«

~ FALSCH ~

Auch mit diesem diffusen Versprechen setzte sich F. C. King auseinander. Seine Neugier motivierte ihn dazu, organisches Material versuchsweise auf zwei Arten zu verwenden: beim Umgraben eingearbeitet oder oben auf ungestörtem Boden verteilt. Er kam zu folgendem Schluss: »Weil wiederholtes Bearbeiten tendenziell die Verbrauchsrate von organischen Teilchen erhöht, wird unser Humusvorrat umso länger vorhalten, je weniger wir umgraben.« Und: »Böden, die seit vielen Jahren nicht mehr umgegraben wurden, sind besser durchlüftet als vergleichbare Böden, die regelmäßig mit dem Spaten umgesetzt worden sind.« Heute könnte er noch hinzufügen, dass aus nicht bearbeitetem Boden weniger Kohlenstoff entweicht.

90

»Gibt man dem Lehm Sand dazu,
fördert dies Entwässerung und Belüftung«

~ TEILWEISE RICHTIG ~

Obwohl dies eigentlich richtig klingt und Sie Luft in den Boden hineinleiten können, wenn es Ihnen irgendwie gelingt, dem Lehm Sand beizumischen, gibt es hier auf lange Sicht keine Garantie für bessere Bodenqualität. Mit den üblicherweise empfohlenen Mengen, rund 25 Kilogramm auf fünf Meter eines Beetes, kann Sand aus dem Lehm auch einen tauglichen Bestandteil zur Herstellung von Ziegelsteinen machen. Eine einfachere Methode zur Verbesserung von Belüftung und Entwässerung besteht in der Zuführung von organischem Material, vorzugsweise auf der Oberfläche, um den Würmern Nahrung zu geben, die dann ihrerseits stabile Luftkanäle in den Boden graben. Organisches Material erhöht zudem auch die Fruchtbarkeit, während Sand oder Kies nur das Volumen vergrößern.

Kapitel X

Schädlinge, Krankheiten und Unkraut

Das Entscheidende beim Umgang mit Schädlingen, Krankheiten und Unkraut ist die gründliche Kenntnis darüber, wie, wo und warum diese gedeihen; außerdem sollte man Bescheid wissen, wie man sie loswerden und ihrem Auftreten vorbeugen kann. Sobald Sie bei den Mythen, die es bei diesem Thema zuhauf gibt, verstehen, wo die Missverständnisse liegen, können Sie in Ihrem Garten sauberere und gesündere Bedingungen erreichen, und dies mit weniger Anstrengung und Kosten.

SCHÄDLINGE UND KRANKHEITEN

»Insektenvernichtungsmittel aus Naturstoffen sind nicht giftig«

~ FALSCH ~

Ein Insektenvernichtungsmittel tötet lebende Organismen und ist deshalb giftig, ganz gleich, woraus es hergestellt ist. Sogenannte biologische Insektenvernichtungsmittel können ein falsches Gefühl von Sicherheit vorgaukeln, zum Beispiel Rotenon, das aus der Tubawurzel *(Derris elliptica)* hergestellt wird, aber auf Fische und

127

zahlreiche andere Organismen genauso giftig wirkt wie auf die Raupen und Blattläuse, gegen die es eingesetzt wird.

Durch den Gebrauch von biologischen Schädlingsbekämpfungsmitteln können Landwirt und Gärtnerin wieder in der gefährlichen Haltung bestärkt werden, gegen *Probleme ankämpfen* zu wollen, statt zu versuchen, mit ihnen *umzugehen* und sie so weit wie möglich *zu reduzieren.* Gärtnerinnen und Gärtner sollten eigentlich nur wenig oder gar keinen Bedarf an Schädlingsbekämpfungsmitteln haben und stattdessen akzeptieren, dass es immer ein paar Schädlinge geben wird. Um Schädlinge einzudämmen, können Sie in Erfahrung bringen, wann der jeweils beste Zeitpunkt zum Aussäen der verschiedenen Samen ist und sich die Tatsache zunutze machen, dass Schädlinge weniger stark auf Pflanzen einwirken, wenn der Boden fruchtbar ist. Hilfreich ist auch Pflanzendiversität; sie führt nicht nur dazu, dass die Fressfeinde der Schädlinge zunehmen, die Pflanzen mögen sie auch (ein »Begleitpflanzen«-Effekt – siehe Mythos 92). In manchen Fällen können Sie auch Barrieren gegen Schädlinge errichten.

»Bauen Sie Begleitpflanzen an, um Schädlingen vorzubeugen«
~ TEILWEISE RICHTIG ~

Ich setze gerne und häufig Begleitpflanzen ein, möchte aber das Wort »vorbeugen« in diesem Mythos zum Anlass nehmen, um klar zu sagen, dass der Anbau von Begleitpflanzen mit der Anwendung von Pestiziden nicht auf einer Stufe steht, obwohl diese Methode oft als gleichwertige Alternative präsentiert wird. In den meisten

Fällen ist die Aussage korrekt, dass der Anbau von Begleitpflanzen die Wirkung von Schädlingen reduziert, aber es sind auch immer noch andere Faktoren im Spiel, und in Jahren, in denen die Bedingungen für bestimmte Schädlinge günstig sind, ist es schwierig, sie in Schach zu halten, mit welchem Mittel auch immer.

Ich hatte schon Mottenläuse auf Tomaten, die ich im Wechsel mit Studentenblumen *(Tagetes patula)* gesetzt hatte, Möhrenfliegen an Stellen, an denen Zwiebeln zusammen mit Karotten gesät worden waren, und Kriechquecken, die zwischen meinen hochgewachsenen Exemplaren der *Tagetes minuta* einfach weiterwuchsen. Manchmal haben die Begleitpflanzen auch etwas gebracht; auf jeden Fall bieten sie den Fressfeinden mehr Möglichkeiten, Wirtspflanzen und günstige Bedingungen zu finden, sodass sich ein Gleichgewicht einstellt. »Gleichgewicht« ist das Schlüsselwort, das Sie sich hier merken sollten: Jeder Garten braucht ein paar Schädlinge, sonst kann er keine Fressfeinde beherbergen, und das Ökosystem ist weniger stabil – hat eine Kröte all Ihre Schnecken aufgefressen, dann wird sie woanders hingehen müssen.

»Gewächshäuser sind nach jeder Anbausaison zu desinfizieren«

~ FALSCH ~

Worauf es hier ankommt, ist, dass die meisten lebenden Organismen, die uns im Garten umgeben, nützlich sind. Das große Risiko bei jeder Art von Desinfektion besteht also darin, dass mehr nützliche Insekten und andere Lebewesen zugrunde gehen könnten als »schlechte«. Marienkäfer, Spinnen, Tausendfüßler und Käfer sind allesamt Freunde des Gärtners und der Gärtnerin, und eigentlich sollten wir hoffen, dass sie den Winter überleben, damit sie sich vermehren und ihr hilfreiches Dasein in den folgenden Jahren fortsetzen können.

Was passiert, wenn die Eindämmung durch Fressfeinde fehlt, kann man zum Beispiel in jedem Frühjahr sehen, wenn die Anzahl der Blattläuse zunimmt, bevor der neue Nachwuchs der Fressfeinde eingetroffen ist, bis sich dann ein Gleichgewicht einstellt – aber nur solange ein paar Fressfeinde den Winter tatsächlich überlebt haben. Ich rate Ihnen, Gewächshäuser und Folientunnel grundsätzlich in Ruhe zu lassen, außer in zwei Punkten: Reinigen Sie erstens Glas oder Plastik, damit so viel Licht wie möglich hereinkommen kann, mit Wasser und etwas Essig; und nehmen Sie zweitens alles an überwuchernden Pflanzen und altem Holz heraus, um den Lebensraum für Schnecken beziehungsweise Asseln einzuschränken.

»Sporen der Kartoffelfäule können im Boden überleben«

~ FALSCH ~

Üblicherweise wird empfohlen, die von der Kartoffelfäule befallenen Blätter, Früchte und Knollen zu verbrennen; Grund dafür ist die Sorge, die Kartoffelfäule könnte in Kompost und Boden den Winter überleben. In Mitteleuropa ist dies zum Glück nicht der Fall (siehe Mythos 66), obwohl sich die Krankheit ständig weiterentwickelt. Um zu überwintern, braucht die Kartoffelfäule lebendiges Pflanzengewebe, was bedeutet, dass der einzige Ruheort für sie die infizierten Knollen sind, da alle befallenen Blätter und

Stängel im Winterfrost absterben. Ich hatte schon einmal die Dürr-fleckenkrankheit *(Alternaria solani)* auf den ersten Frühkartoffeln aufgrund von infizierten Knollen; zum Glück ist diese Krankheit weniger aggressiv als die Kartoffelfäule *(Phytopthora infestans)*.

Die Sporen der Fäule reproduzieren sich nur unter feuchten und warmen Bedingungen, wobei die Schäden in jeder sogenannten *Smith period* zunehmen – wenn in zwei aufeinanderfolgenden Tagen und Nächten die Lufttemperatur konstant über 10 °C liegt und die relative Luftfeuchtigkeit zu mindestens einem Viertel dieses Zeitraums 90 Prozent beträgt. Solche Bedingungen können in Mitteleuropa ab Mitte Juni auftreten, noch öfter in einem nassen Monat Juli, einer Zeit, in der die zerstörerische Kartoffelfäule ganz unvermittelt auftreten kann. Wenn die Verhältnisse passen, dann vermehrt sie sich derart schnell und verbreitet sich derart weit mit dem Wind, dass die einzige Lösung darin besteht, bei Kartoffeln und Tomaten die Blätter trocken zu halten, sodass die Sporen sich nirgendwo niederlassen können.

»*Pflanzenkrankheiten sind ansteckend*«

~ MEISTENS FALSCH ~

Es ist gut zu wissen, dass die meisten Pflanzenkrankheiten nur ganz bestimmte Pflanzen betreffen und normalerweise auch weitere Mitglieder der gleichen Familie, aber nicht alle Pflanzen generell. So sind zum Beispiel die Lauchpflanzen allesamt anfällig für den Rost-pilz *Puccinia allii* auf den Blättern, und dieser Rostpilz kann sich auch bis zu einem gewissen Grad innerhalb der Gattung ausbrei-

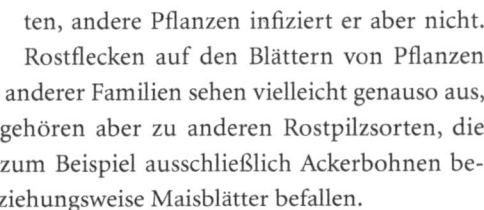

ten, andere Pflanzen infiziert er aber nicht. Rostflecken auf den Blättern von Pflanzen anderer Familien sehen vielleicht genauso aus, gehören aber zu anderen Rostpilzsorten, die zum Beispiel ausschließlich Ackerbohnen beziehungsweise Maisblätter befallen.

Zweitens muss erwähnt werden, dass Krankheiten sich im Allgemeinen dann ausbreiten, wenn die Bedingungen günstig sind und die Pflanzen ihnen aus irgendeinem Grund weniger Widerstand entgegensetzen können. Wenn Spinat und Feldsalat (Rapunzel) zum Beispiel bei trockenem Wetter von Mehltau befallen sind, dann kommt das daher, dass der trockene Boden den Gewächsen zu schaffen macht. Dann werden die schwächeren Blätter Opfer der Infektion durch Mehltausporen, die immer und überall lauern, sich aber nur unter günstigen Bedingungen auf geschwächten Blättern entwickeln können. Wie die Schnecken sind auch Mehltausporen Teil des natürlichen Kreislaufs von Wachstum und Verfall, und wenn wir dafür sorgen, dass sich die Pflanzen gesund entwickeln, sind sie weniger anfällig für die zahlreichen Krankheiten, die es gibt.

Die unangenehmste Krankheit, Krautfäule auf Kartoffeln und Tomaten, kann sich nicht entwickeln, wenn die Blätter trocken sind. Andere Blattkrankheiten kann man durch zusätzliches Gießen eindämmen (in Fall von Mehltauarten, die bei trockenem Wetter aktiv sind) oder durch das Entfernen von dichtem Blattwuchs (im Fall von Mehltauarten, die feuchtes Wetter lieben) und indem man ganz allgemein die Pflanzen in einem gepflegten Zustand hält;

verrottende Blätter ziehen nämlich Krankheiten an. So können Sie zum Beispiel alle alten Kohlblätter auf den Komposthaufen geben. Meiner Erfahrung nach ist es auch hilfreich, wenn man den Boden unbearbeitet lässt, da das Umgraben die Sporen bestimmter Pilzkrankheiten, wie etwa der Weißfäule, über größere Flächen verbreiten kann.

UNKRAUT

»Unkrautsamen können im Komposthaufen im eigenen Garten abgetötet werden«

~ MEISTENS FALSCH ~

Ich will niemanden davon abhalten, so viel wie möglich zu kompostieren, aber Unkrautsamen sind wirklich ein Problem! Ich habe selten erlebt, dass Komposthaufen von der Größe, wie sie in normalen Kleingärten vorkommen, also sagen wir von 1,5 Quadratmeter, genügend Hitze generieren und aufrechterhalten können, um mehr als die Hälfte der Unkrautsamen abzutöten, die ich als Bestandteile dazugegeben habe. An den Rändern des Haufens ergibt sich einfach zu viel abkühlende Wirkung, und selbst wenn man die Ränder dann zur Mitte hin umschichtet, gibt es zu wenig frische Grünmasse, um genügend neue Wärme zu erzeugen.

Das Umschichten des Haufens ergibt schönen Kompost, aber im Allgemeinen überleben die Unkrautsamen den Prozess. Wenn Sie kein Unkraut im Haufen haben wollen, gibt es jedoch Mittel und Wege: Um einjähriges Unkraut am Keimen zu hindern, verwenden Sie Mulch, am besten aus sauberen Kompostsorten, die man kaufen kann; zum Beispiel Pilzkompost oder Grünschnittkompost. So gewinnen Sie Zeit, die nun zahlenmäßig reduzierten Unkräuter herauszuhacken oder -zuziehen, lange bevor sie blühen und Samen bilden können. Dann wird Ihr eigener Kompost weniger Unkrautsamen enthalten, und Sie haben mehr Freude daran.

*»Regelmäßiges Hacken sorgt dafür,
dass der Boden gut durchlüftet, gemulcht und
mit weniger Unkraut belastet bleibt«*

~ TEILWEISE RICHTIG ~

Meine Mutter sagte das früher immer, und damals glaubte ich ihr; heute aber denke ich, sie hatte die anderen Methoden der Bodenbelüftung nicht ausprobiert. Ohne Zweifel hat das Hacken seinen Wert: Wenn Unkrautsamen tatsächlich in Massen auskeimen, ist das der schnellste und einfachste Weg, um sie loszuwerden, wenn sie noch sehr klein sind und man sie noch kaum erkennen kann. Für die Durchlüftung und das Mulchen ist Hacken allerdings nicht geeignet; das lässt sich am besten durch die Anwendung von Kompost erreichen. Meiner Erfahrung nach ist das Wachstum ohne regelmäßiges Hacken im Umkreis der Pflanzen genauso gut, wenn nicht besser.

Die Notwendigkeit, alle ein oder zwei Wochen zu hacken, entsteht vor allem dann, wenn der Boden umgegraben worden ist.

F. C. King (siehe Mythos 88) beschreibt dies folgendermaßen: »Für jede Stunde, die wir den Spaten benutzen, brauchen wir später die Hacke vier Stunden lang. Sobald wir mit dem Umgraben aufhören, ist der Gebrauch der Hacke weniger dringend.« Er wusste das aus Erfahrung, weil er sich traute, eine Fläche unbearbeitet zu lassen, und dann bemerkte, dass dort weniger Unkraut wuchs als auf dem umgegrabenen Boden nebenan.

»Auf nacktem Boden kommt es zwangsläufig zum Auskeimen zahlreicher einjähriger Unkräuter«

~ FALSCH ~

Unkraut fällt nicht einfach vom Himmel, sosehr das auch den Anschein haben mag. Die obige Behauptung beraubt den Gärtner und die Gärtnerin ihrer Gestaltungsmacht, weil Unkraut nämlich bei guter gärtnerischer Praxis deutlich seltener vorkommt: Stören Sie einfach den Boden weniger, und Sie werden feststellen, dass einjähriges Unkraut nicht mehr so leicht austreibt. Unkraut wächst hauptsächlich im ersten Jahr, wenn man einen Garten auf neuer Fläche anlegt, wo es oft Mengen an mehrjährigen Unkräutern gibt, sowie Unkrautsamen, die von früheren Jahren übrig geblieben sind; diese keimen dann aus, wenn der Boden freigemacht ist, außer man hat lichtundurchlässigen Mulch aufgebracht.

Das Mulchen und Hacken im ersten Jahr ist Phase eins, wenn es darum geht, an der Oberfläche Unkraut und entwicklungsfähige Samen zu reduzieren, sodass der nackte Boden sich nicht wieder mit Unkraut bedeckt. Als ich meine alten Gärten auf der Lower

Farm verließ, fiel mir auf, wie sauber der Boden über Monate blieb, auch im nicht gepflegten Zustand, sodass man nach dem Entfernen von etwas Gras und einigen Disteln jederzeit sehr rasch ein sauberes Saatbeet hätte anlegen können. Im Vergleich mit bearbeitetem Boden befindet sich ungestörter Boden in einem ruhigeren Zustand und braucht nicht gleich wieder eine Pflanzendecke (und genauso wenig Erholung).

»Wenn Moos wächst, deutet das auf sauren Boden hin«

~ FALSCH ~

Das habe ich oft zu hören bekommen; ich bekam aber meine Zweifel, als ich auf meinem alkalischen (pH 7,4) Boden auf einigen Wegen Moos entdeckte. Meiner Beobachtung nach wächst Moos überall dort, wo es einen Boden findet, der nur entsprechend lange feucht und lauwarm bleibt. Es gedeiht also in nassen Sommern und auch dort, wo es etwas Schatten gibt, wie auf schattigem Rasen, und wo der Boden fest ist, wie auf feuchten Wegen. Wenn Sie das Moos stört, kann es bei trockenem Wetter mit der Hacke entfernt oder aus dem Rasen geharkt und kompostiert werden; Moos als solches ist jedoch nicht schädlich.

EINIGE TIPPS GEGEN SCHÄDLINGE, KRANKHEITEN UND UNKRAUT

Bei allen Gartenproblemen dieser Art kommt es vor allem darauf an, dass man Bescheid weiß und die Zusammenhänge versteht. Wenn Sie wissen, mit welchen Schädlingen Sie rechnen müssen, also etwa Schnecken auf feuchtem Boden im Salat und Raupen auf Sommerkohl, dann haben Sie die Chance, sich vorzubereiten, indem Sie den Boden in den optimalen Zustand bringen und zum Schutz gegen bestimmte Insekten Abdeckungen für die Gewächse bereithalten. Manchen Schädlingen kann man vorbeugen, indem man die Aussaat zeitlich so legt, dass die Pflanzen mit den Insekten, die ihnen normalerweise zu schaffen machen, weniger in Berührung kommen. Säen Sie also zum Beispiel Salatkraut und Asia-Salate (Rucola, Senf, Pak Choi und Mizuna) lieber im Spätsommer als im Frühling.

Viele Pflanzenkrankheiten folgen Wachstumsrhythmen, in denen die Blätter gegen Ende eines Zyklus schwächer werden, wie das im Herbst bei Mehltau auf Salat und den Blättern von Kürbisgewächsen der Fall ist. Wenn Sie die Unvermeidlichkeit solcher Krankheiten als gegeben hinnehmen, fällt es Ihnen leichter zu begreifen, dass man sich wegen Schädigung der Blätter keine Sorgen machen muss. Bestimmte schädliche Krankheiten allerdings müssen Sie als solche wahrnehmen und sich damit auskennen, wie zum Beispiel mit der Weißfäule beim Lauch; diese unter Kontrolle zu halten ist erheblich komplizierter.

drei oder vier Jahre abzuwarten, bevor man weiteren Lauch anbaut, vor dem Lauch Kohl zu pflanzen sowie die Erde nicht umzugraben.

Unkraut lässt sich vollständig entfernen und in der Folge unter Kontrolle halten, wenn Sie genau Bescheid wissen, welche Unkrautarten bei Ihnen vorkommen und was für ein Umfeld diese brauchen; so können Sie dann die jeweils wirksamste Methode anwenden; Mulchen, Hacken oder Jäten (oder alle drei), und dies zum richtigen Zeitpunkt. Und dann sollten Sie sich mit dem Wachstumsmuster einiger hochinvasiver Unkrautarten vertraut machen, wie zum Beispiel Katzenschweif *(Conyza canadensis)*. Diese vollständig auszumerzen ist so gut wie unmöglich, aber man kann sie in Schach halten. Andere invasive Arten wie die Kriechquecke *(Elymus repens)* lassen sich vollständig ausrotten, allerdings müssen Sie dabei sehr systematisch vorgehen.

Index